体育教師の
言葉かけ
変換大全

工藤 俊輔 著

明治図書

はじめに

「子供のことを考えて言葉かけをしていますか」

尊敬する先生から言われたことです。

若手のときに、「１時間の授業で言葉かけを100回するとよい」と聞きました。単純な私は、とにかく子供に「いいね！」「すごいね！」と言葉かけをしました。

ある研究授業で、「言葉かけ300回」という結果を出しました。これで子供のやる気も高まったでしょう！と自画自賛していました。ところが、子供の振り返りカードを読むと、ショックな結果でした。

「先生から声をかけてもらいましたか」という項目で、ほとんどの子が「いいえ」と回答しました。声をかけてもらったと答えた子でさえも「先生から何を言われたのか覚えていません」という回答でした。

そのときに、尊敬する先生に冒頭の言葉を言われました。

「子供の学習状況に適した言葉かけをする必要があります」

量も大事だけど、質も意識しなければならないと。

「「令和の日本型学校教育」の構築を目指して（答申）」（中教審）に、ファシリテーション能力が改めて強調されました。ファシリテーションには、「促進する」「助長する」という意味があります。教師におけるファシリテーションは、子供に知識を与えるだけではなく、子供の姿を見ながら言葉をかけることで、子供自らが新しい考えや問題を解決することを発見することができます。

だから、教師は子供が学んでいる姿に応じて言葉をかけていく必要があります。

言葉かけの数だけではなく、言葉かけの質も教師の技術としてもっておくとよいかと思います。本書は、三つの資質・能力に応じた言葉かけができるような内容になっています。皆様のお力になれればと思います。

2024年７月

工藤　俊輔

CONTENTS

はじめに 2

chapter1 子供に伝わる教師の言葉かけスキル

1	体育における言葉かけの種類	10
2	言葉かけ100回は嘘?!	11
3	言葉かけに関する論文	12
4	自分の言葉かけを磨く方法	13
5	学級経営に結び付く言葉かけ	14
6	子供が主体的に動く体育とは？	15
7	いつ，どんなことを言えばよいのか	16
8	パターンを決める	17
9	ノンバーバルで伝える	18
10	伝わる！効果的な言葉かけのポイント	19
11	三つの資質・能力に合わせた言葉かけ	20
12	知識及び技能に関する言葉かけ	21
13	思考力を育む言葉かけ	22
14	表現力が身に付く言葉かけ	23
15	安全に気を付けたくなる言葉かけ	24
16	態度面を意識させる言葉かけ	25
17	ICTを活用した言葉かけ	26

18	支援を要する子への言葉かけ	27
19	見学をしている子への言葉かけ	28
20	保護者を巻き込む言葉かけ	29
21	言葉かけを鍛える修業法	30
22	ファシリテーション①「やってごらん」	31
23	ファシリテーション②「選んでごらん」	32
24	ファシリテーション③「つくってごらん」	33
25	体育授業ですぐ使える資質・能力別の言葉かけ9選	34

Chapter2 子供が主体的に動きたくなる！体育教師の変換言葉50

知識及び技能を育む変換言葉

❶ 動きのポイントを見付けるとき① ……… 36
上手なところはどこですか。 ▶ **Aですか。Bですか。**

❷ 動きのポイントを見付けるとき② ……… 38
動きをよく見なさい。 ▶ **スロー再生をするよ。**

❸ 運動していることを激励するとき ……… 40
だから言ったでしょう。 ▶ **大丈夫だった？**

❹ 動きのコツを意識するとき ……… 42
今こうだったよ。 ▶ **今，何をしたの？**

❺ 動きのポイントを共有するとき ……… 44
Aさん，お手本どうぞ。
▶ **Aさん，みんなの前でもう一度お願いしてもよいですか。**

❻ 動きのポイントを再確認するとき ……………………………………………… 46

ポイントは○○だよ。　▶　○○はどうするんだっけ？

❼ 具体的なめあてを示すとき ……………………………………………… 48

がんばりなさい。　▶　**あと○○速くしよう。／あと○○高くしよう。**

❽ タイミングを具体的に表すとき ……………………………………………… 50

タイミングよく！　▶　**「今！」と声をかけよう。**

❾ 動きのポイントを音の違いで理解するとき ……………………………………………… 52

○○します。　▶　**○○という音を出そう。**

❿ ボールを持たない動きを身に付けるとき ……………………………………………… 54

動け！動け！　▶　**ストップ！**

⓫ 成長を評価するとき ……………………………………………… 56

よかったよ！　▶　**前よりよくなったね！**

⓬ 行い方の確認をするとき ……………………………………………… 58

このルールです。　▶　**何かルールで困ったことはありますか。**

⓭ 動きを比べてポイントを見付けるとき ……………………………………………… 60

友達との違いはどこですか。

　▶　**先生と比べてできているところはどこですか。**

⓮ 前時の振り返りで本時の課題をつくるとき ……………………………………………… 62

今日は○○をします。　▶　**振り返りを紹介します。**

⓯ 自分の達成度を確認するとき ……………………………………………… 64

自分のできばえはどうですか。　▶　**自分のできばえは何点ですか。**

> ┌┄┄┄┄┄┄┄┄┄┄┄┄┄┄┄┄┄┄┄┄┄┄┄┄┄┄┄┄┐
> ┊　　　思考力，判断力，表現力等を育む変換言葉　　　┊
> └┄┄┄┄┄┄┄┄┄┄┄┄┄┄┄┄┄┄┄┄┄┄┄┄┄┄┄┄┘

⓰ 課題を選んだ理由を言うとき ……………………………………………… 66

この課題にしたんだね。　▶　**どうしてこの課題にしましたか。**

⓱ 課題を解決するための練習をしているとき ……………………………………………… 68

いいね！この調子だよ。　▶　**ここで練習をしている理由は何ですか。**

CONTENTS　**5**

⑱ 子供と規則の一部をつくるとき ………………………………………… 70

規則を守ります。 ▶ やってみて必要な規則はありますか。

⑲ 状況判断を身に付けるとき ……………………………………………… 72

○○しなさい。 ▶ ○○のときはどうしますか。

⑳ 自分の課題を選ぶとき …………………………………………………… 74

考えなさい。 ▶ どの○○にしますか。

㉑ 自分の課題をお手本と比べるとき ……………………………………… 76

どこが課題ですか。 ▶ 比べてみよう。

㉒ 自分のチームに合った規則を選ぶとき ………………………………… 78

規則を考えます。 ▶ 自分のチームに合った規則はどれですか。

㉓ 自分の動きのできばえを理解するとき ………………………………… 80

比べます。 ▶ どの方法で比べますか。

㉔ 守り方を選ぶとき ………………………………………………………… 82

守り方を考えなさい。 ▶ どの守り方にしますか。

㉕ 個人やチームの動き方を考えるとき …………………………………… 84

試合をします。 ▶ 試合前に動きを予想します。

㉖ 友達に動きを伝えるとき ………………………………………………… 86

アドバイスをしよう。 ▶ 見たことを伝えよう。

㉗ 前時の振り返りを生かすとき …………………………………………… 88

前回は何をしましたか。 ▶ こんなときどうしますか。

㉘ お手伝いをしながらポイントを共有するとき ………………………… 90

支えます。 ▶ 支えながら何を考えたの？

㉙ 友達の良さを伝えるとき ………………………………………………… 92

友達のよいところを言います。 ▶ 友達の○○はどうでしたか。

㉚ 友達同士で良さを伝えるとき …………………………………………… 94

（教師が）いいね！ ▶ （友達が）○○がいいね！

㉛ 運動のポイントを発見するとき ………………………………………… 96

どうすればよいですか。 ▶ どこを見ればよいですか。

㉜ 友達同士がぶつからないようにしたいとき ……………………… 98

まっすぐ進みます。 ▶ 一方通行です。

学びに向かう力，人間性等を育む変換言葉

㉝ 運動に安全に取り組むとき …………………………………… 100

危険です！ ▶ それって安全かな。

㉞ 勝ち負けを受け入れるとき …………………………………… 102

負けても文句を言いません。 ▶ 負けたとき，どうしますか。

㉟ ふざけて友達に迷惑をかけているとき ……………………… 104

いい加減にしなさい。 ▶ よくなかったことはどれかな。

㊱ 何度も運動に取り組むとき …………………………………… 106

たくさん動きます。 ▶ 額に汗をかきましたか。

㊲ 運動に楽しく取り組みたいとき ……………………………… 108

楽しくないのは君が悪いよ。 ▶ 楽しめないのはどうしてかな。

㊳ 誰とでも仲良く運動させたいとき …………………………… 110

仲良くしなさい。 ▶ 仲良しレベルはいくつですか。

㊴ 見付けた動きの良さをみんなに伝えるとき ………………… 112

並びなさい。 ▶ 写真隊形です。

㊵ 待ち方を教えるとき …………………………………………… 114

見ていなさい。 ▶ 数を数えよう。

㊶ 見学の仕方を教えるとき ……………………………………… 116

見学します。 ▶ 先生が声をかけた人を数えよう。

㊷ 見通しをもたせるとき ………………………………………… 118

この学習で進めます。

　▶ この学習でできるようになりたいことは何ですか。

㊸ 単元の目的を設定するとき …………………………………… 120

○○を学びます。 ▶ この学習のテーマをどうしますか。

CONTENTS **7**

㊹ すばやく整列させたいとき …………………………………………………… 122

並びなさい。 ▶ １列目は○線です。

㊺ 友達の考えや行動を受け入れるとき …………………………………… 124

拍手をします。 ▶ **相手のためにどんなことができますか。**

㊻ 動きを学ぶ意義を示すとき ……………………………………………… 126

次は○○です。 ▶ **何か動きで困ったことはありますか。**

㊼ 友達の考えを認めるとき ………………………………………………… 128

友達の考えを受け入れなさい。

▶ **友達の考えを受け入れるとはどういうことですか。**

㊽ 誰とでも仲よく運動させたいとき ……………………………………… 130

けんかをやめなさい。 ▶ **けんかした後が大事だよ。**

㊾ 用具の準備や片付けをするとき ………………………………………… 132

片付けます。 ▶ **自分が準備したものを片付けます。**

㊿ 雰囲気をよくする言葉を増やしたいとき ……………………………… 134

応援しよう。 ▶ **どんな言葉を増やしたいですか。**

Chapter 1

子供に伝わる
教師の言葉かけスキル

1 体育における言葉かけの種類

1 言葉かけの主な種類

言葉かけの定義を「学習内容や相手の行動に合わせて言うこと」とします。

①説明	子供にしてほしい行動の順序を伝える言葉 (例)「跳び箱をします。跳び箱の奥に手を着きます」
②指示	子どもにしてほしい行動を伝える言葉 (例)「奥に手を着きます」
③発問	問題解決を要求する言葉 (例)「どこに手を着くとよいですか」
④肯定的	運動のできばえを伝える言葉 (例)「うまい！」「手の着く位置がよくなったね」
⑤矯正的	運動のできばえを修正する言葉 (例)「もっと手を奥に着くとよくなるよ」
⑥励まし	子どものやる気を高める言葉 (例)「がんばれ！」「そうそう！」

参考：高橋健夫『体育授業を観察評価する―授業改善のためのオーセンティック・アセスメント』(明和出版)

2 使い方の目安

授業では，次のような手順で言葉かけを使い分けています。

説明の時間をできる限り削ります（長くても1分以内！）。本時の課題と発問はセットにして，④～⑥の言葉かけを個人や全体にかけるとよいです。

2 言葉かけ100回は嘘?!

1 100回の言葉

教師1年目のときに，先輩から「体育の授業で言葉かけを100回します」と言われました。言われたとおりに「いいね」「もっと○○しよう」と1時間に100回以上の言葉をかけました。「私の言葉かけが子供たちに残っているのか」と気になったので，振り返りに次のような項目を入れました。

先生に言葉をかけられましたか。　はい　　いいえ
それはどんな内容でしたか。（　　　　　　　　　　　　　　　　　　）

私は全員に言葉をかけていました。名前を呼んで，誰に言葉をかけたのかが明確になるようにしました。しかし，クラスの半分以上が「いいえ」と書きました。「はい」と書いた子の中にも，内容を覚えていない子がいました。

2 タイミングが重要

『本当にわかる心理学』（植木理恵著，日本実業出版社）を読み，私は「ほめるタイミングを間違えないこと」が大切だとわかりました。子供が言葉をかけてほしいタイミングで，教師が言うとよいのです。非常にレベルの高い技術です。

なぜ，先輩は100回の言葉かけと言ったのか。おそらく「100回の言葉かけを意識すれば，1回ぐらいは子供がほしいタイミングと一致することがある」と考えました。とにかく，子供が運動しているときに，具体的な言葉かけを続けてみましょう。100回という回数にこだわらず，励まし続けることで子供のやる気が高まり，教師の言葉かけによってできるようになる子がいます。

Chapter1　子供に伝わる教師の言葉かけスキル　11

3 言葉かけに関する論文

1 論文紹介

　私がおすすめする言葉かけに関する論文の一部を紹介します。

　検索：CiNii Research, J-STAGE, Google Scholar 等

（1）体育授業における教師行動に関する研究：髙橋健夫ら：1991

　　内容：肯定的・矯正的フィードバックが形成的授業評価を高める。

　　　　　※形成的授業評価とは，子供から見た体育授業の評価であり，

　　　　　「成果」「学び方」「協力」「意欲・関心」の４次元がある。

（2）小学生体育授業の評価構造と児童の動機づけ：長谷川悦示ら：1998

　　内容：「前より〜」等の，個人内評価が学習意欲を高める。

（3）小学校体育授業における「個人の進歩」を強調した教師の言葉かけが　児童の動機づけに及ぼす効果：長谷川悦示：2004

　　内容：個人の進歩を強調する言葉かけが学習意欲を高める。

2 生かし方

　次のような手順を踏みます。

①研究授業で明らかにしたいことを決める。（例）言葉かけ

②論文検索サイトで先行実践を調べる。

③成果と課題を読む。

④課題となる部分を自分の学級だったときの手立てを考える。

⑤研究授業をする。

　このように，先行実践をもとにして授業に臨むことで，教師の力が身に付くのではないかと考えています。

4 自分の言葉かけを磨く方法

1 文字起こしをする

　自分の授業を録音して，文字起こしをします。
（例）平成29年度　５年生　ハードルの授業

> もう一回やってみよう。ヒント，ハードル。先生やるよ。これは２点。Ｎ
> さん。若干見えた。（足の裏）
> もっと遠くに跳ぶことができます。空中にいる時間が長いからです。

　自分が誰にどんな言葉をかけているのか，どんな発問なのか，わかりにく
い言葉はないのか等，視点を決めて聞くとよいです。そして次の時間は「も
っと○○という言葉をかけよう！」と授業改善に生かします。最近では，録
音したものを自動で文字起こしをしてくれるアプリなどもあります。

2 実力のある人に聞いてもらう

　体育授業で尊敬している人に聞いてもらうことです。
　全てを聞いてもらう時間はありません。主運動に絞って聞いてもらいます。
　私は先輩から，
「工藤さんは，運動のポイントを言いすぎだよね。子供から引き出した方
がいいですよ」
と，言われました。自分にはない視点をいただけます。

3 模擬授業をする

　指導案検討ではなく，10分程度，先生方が子供役となって模擬授業をしま
す。そのときの発問や指示などで，わかりにくい言葉を検討する機会をつく
るとよいです。校内ではなく，校外の勉強会にも参加します。

Chapter1　子供に伝わる教師の言葉かけスキル　**13**

5　学級経営に結び付く言葉かけ

1　写真で一言

教室で体育の写真を見せる。

　あるテレビ番組で「写真で一言」という企画がありました。授業でも生かせると思いました。体育の一部分の写真を撮り，教室で子供たちに見せながら「このように自分だけではなく，友達の分も手伝ってくれると助かりますね」と言います。理科や図工の準備や片付けなどにもつながります。学級経営に生かせるシーンを写真や映像で撮っておくとよいですね。

2　休み時間に準備をしている子をほめる

　授業前に，早く運動場に行き，体育倉庫から用具を出してくれる子がいます。体育がはじまったときに，
　「ここにあるカラーコーンを準備してくれた子がいます。立ってください。
　このようにクラスのために行動する人がいるから，運動する時間を確保することができますね」
と，紹介をします。
　他にも，ボール運動系で，試合に負けても相手チームに拍手を送る姿などを見たら，紹介します。
　教師が学級に広げたい行動を見取り，紹介することで，体育以外の授業や生活に生かすことができます。

6 子供が主体的に動く体育とは？

1 システムを教える

主体的な学びとは見通しをもって粘り強く取り組むことです。見通しとは，「やるべきことがわかっている状態」だと捉えています。子供が授業の流れをわかっていることが大切です。運動場と体育館では，はじめにやるべきことを決めています。ただし，領域によって変わることがあります。

運動場	体育館
①鉄棒（前回り下り，逆上がり） ②登り棒 ③タイヤ跳び ④ランニング1周したら①へ	①動物歩き ②馬跳び ③ブリッジ ④壁倒立

このように，運動場や体育館に行ったら何をするのかを決めておくことで，教師が説明しなくても子供たちだけで進めることができます。

2 必要な練習を選ぶ

Chapter 2 でも触れていますが，ボール運動で「得点をとるために，どのような練習が必要ですか」と聞きます。子供から出た意見をまとめる力が教師に必要です。「シュート，パス，ドリブルの順に多かったですね。まずはシュートの練習をして，次にパスかドリブルの練習を選びましょう」と練習内容を示し，子供に選ばせることで，必要感をもって練習をすることができます。

自分が選んだ練習のため，言われて行う練習よりも主体的に活動することができます。

Chapter1 子供に伝わる教師の言葉かけスキル **15**

7 いつ，どんなことを言えばよいのか

1 話すように指導案を書く

　指導案に学習内容を書きます。この内容を子供に話すように書きます。ただし，公的な場で出すのではなく，自分用として作成します。

（例）令和4年度　3年生　幅跳びの授業（一部）

3　本時の学び （1）本時の確認	○集合して学びと単元の見通しの確認をする。
指示：前回の課題どおりに帽子の色を変えます。着地は帽子なし。踏切は白，助走は赤です。 課題：友達と仲良く競うために大切なことは何ですか。	
4　主運動 （1）競い方①	
指示：1つ目の競い方です。 　　　4人で〇点を目指せ！です。合計が目標に近いと勝ちです。 指示：やってごらん。（結果を発表する。）	

　授業の流れがあると，教師が余裕をもって指導することができます。さらに，一人一人にどんな言葉をかけるのかを大まかに明記するとよいでしょう。

2 見たことを伝える

　「教師だからアドバイスをしなければいけない」と，考えている人もいるのではないでしょうか。そんなことはありません。子供の動きを見たまま伝えればよいのです。例えば，跳び箱で安全に着地をするという課題だとします。「どのように着地すれば安全ですか」と聞いて，「両足で着地をする」となったとします。子供の着地を見て，「両足で着地できたね」や「今は片足だったよ。両足で着地しようね」と伝えることができます。まずは，子供の動きを見たことをそのまま伝えます。時間に余裕があるときに，「もっとこうした方がいいよ」と伝えるとよいです。

16

8 パターンを決める

1 チョイス発問か，オープン発問か

チョイス 発問	問題解決をする課題を選択式で問うこと 「台上前転で手を着く位置は，手前ですか。奥ですか」等
オープン 発問	問題解決をする課題を５ＷＩＨで広く問うこと 「台上前転でどこに手を着くとよいですか」 「台上前転で，いつ手を着くとよいですか」等

　このような発問パターンを決めておくとよいです。瞬時に発問を思いつかない場合には，発問する内容を紙に書いて提示するだけよいです。私の場合は，本時の課題と発問を重ねて提示しています。そうすることで，子供が何を学ぶのか見通しをもつことができます。

2 楽しさで貫く言葉かけ

　低学年には，次のような言葉かけが多いです。
「みんなが楽しむために大切なことは何ですか」
「今やっていることは，みんなが楽しめますか」
「今の跳び方でどこが楽しいのかな」
　「運動の楽しさを味わう」ことが体育の目的だと考えます。まずは，「この運動の楽しさは何だろうね」と子供に聞いて，具体化するとよいでしょう。
　中学年以降であれば，「この運動の楽しいところは何かな」と聞きます。つまり，言葉かけのキーワードを「楽しさ」で貫くということです。
　他にもキーワード化できる言葉がたくさんあります。「協力ってどういうことかな。運動を見ている人の協力って何かな？」という言葉かけです。教師がこの学習で何を大切にしているのかを言語化して貫きましょう。

Chapter1　子供に伝わる教師の言葉かけスキル　**17**

9 ノンバーバルで伝える

1 言葉だけではない

　ノンバーバルとは,「言葉以外で行う」という意味です。非言語とも言われています。非言語の中に,表情,話し方,ジェスチャーなどがあります。
　例えば,跳び箱の着手を教えるときです。

NGシーン

OKシーン

　NGシーンは,教師と子供で手の形にずれが生じています。そこで,OKシーンのように「両手をパーにすること」と身振りで教えることで,子供と考えを共有することができます。
　整列するときのハンドサインも効果的です。
（例）手をパーにする……前へならえの合図
　　　手をグーにする……気を付け
　　　手の平を下にする…座る
　言わなくてもハンドサインを見ただけで整列ができるとよいです。

2 ボール運動でできるノンバーバルサイン

　「パスがほしい方向に指をさす」など,チームで合図を決めることができます。スポーツ選手は,どこでパスがほしいのかを示しています。言葉にしなくても伝えられることがあることを教えてもよいでしょう。

10 伝わる！効果的な言葉かけのポイント

1 名前を呼ぶ

「Aさん…腕の振りがよくなったね！」と，名前を呼ぶことで，子供は「私がほめられているんだ！」と自覚します。「…」の間も大事です。名前を呼んで，こちらに意識が向いたときに言葉かけをします。3年生を担任したときに，学年の先生に協力していただき，『名前を呼んだときと呼ばないときでは，子供の中にどれだけ教師の言葉が残っているのか』という調査をしました。すると，名前を呼んだ方が3倍以上「先生から言葉かけをしてもらった」と答えました。誰に言葉をかけているのか明確にした方がいいですね。

2 遠くから呼ぶ

「先生は，どこにいても君たちのことを見ているよ」という合図になります。例えば，跳び箱運動で，できない子の支援をしつつも，遠くにいる子に，「Bさん…今の着地の仕方がよかったよ！」と言います。遠くにいる子に言葉かけしている内容は，他の子も聞いています。先生はみんなことを見ているよと言葉かけを通して伝えましょう。

3 見ている子を呼ぶ

ボール運動では，試合をしている子供に言葉をかけても聞こえていないときがあります。その場合は，試合を見ている子に言葉かけをします。
「今のCさんの動きはどうでしたか」
「どうして赤チームは，得点がとれたのかな」
試合中には気付かない動き方を学ぶことができます。

Chapter1 子供に伝わる教師の言葉かけスキル 19

11 三つの資質・能力に合わせた言葉かけ

全体と個人で使い分ける

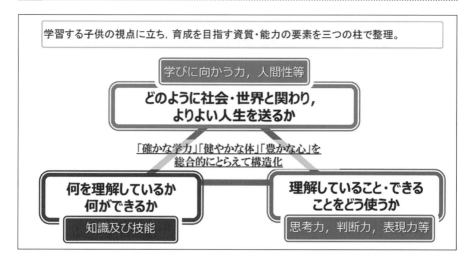

一部引用：内閣府ホームページより

　三つの資質・能力をベースに体育科の目標を設定します。本時の目標に沿った言葉かけをする必要があります。
　例えば，本時の目標が「知識及び理解」なのに，「運び方に気を付けようね」「安全に片付けることができたね」と「学びに向かう力，人間性等」に近づくための言葉かけの量を増やすと目標と離れてしまいます。目標に合った言葉かけをすることです。
　私は，安全や協力に関する言葉かけは，全体に聞こえるように言います。技能や思考部分に関することは，個人に伝えています。さらに，小学校学習指導要領解説（体育編）に書かれている言葉をそのまま使うこともありです。どんな言葉をかければよいのか考えて授業に臨みましょう。

12 　知識及び技能に関する言葉かけ

1　運動のポイントを整理する

　「開脚跳びができるためのポイントは何ですか」と聞きます。「両足で踏み切る」「跳び箱の奥に手を着く」「両足で着地をする」等の意見を整理します。ポイントを整理しないで，教師が「両足で着地できたね！」と子供に言っても，「どうして両足で着地することがいいのだろうか」と感じる子もいます。まずは，運動のポイントを整理する時間をつくります。できれば理由も考えさせたいです。「両足で着地することで，体がぶれなくなり，安全に運動ができるから」と，子供の考えをもとにまとめます。
　整理したポイントを提示することで，いつでも振り返ることができます。

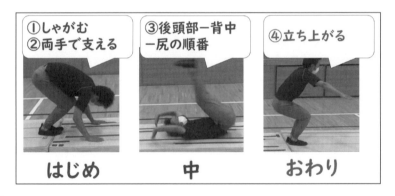

2　前より○○だったよが効果的

　前と比べて成長したことを伝えると，子供の心に教師の言葉が残りやすいことがあります。「前より，両足着地ができるようになったね」と一言加えることで，「先生は，自分のことを見てくれている！」と子供の中に残るからではないかと思っています。

13 思考力を育む言葉かけ

1 選んだ理由を問う

　思考力，判断力，表現力等は，「理解していること・できることをどう使うか」と小学校学習指導要領解説に書かれています。解説には，「自己の課題を見付ける」「作戦を選ぶ」という例示があります。自分の課題や作戦を実行した理由を考えることが大切です。

　中学年のマット運動の前転の課題を選ぶときに，「どうして，〇〇という課題を選んだのかな」と聞きます。「前転をしたときに起き上がることができないからです」と運動のポイントと関連して言うことができればよいのです。選んだ根拠が言えるような教師の言葉かけが必要です。

2 課題と練習の場を提示する

　はじめは，教師が課題を提示して，課題解決の場を教えることが必要です。
（例）前転

課題	練習の場
A　両手で支えられない	段差マットに足をおいて回転加速を高める場
B　回転できない	ゆりかごで順次接触を身に付ける場
C　起き上がれない	マットの先にいる友達とハイタッチをする場
D　もっと上手になる	前転が連続でできる場

　それぞれの場で練習をしている子に，「どうしてこの場を選んだの？」「どんな課題なの？」と聞くことで，選んだ根拠を引き出します。なかには，「なんとなく」と答える子がいます。その子には，「この場で練習をすると，どんな課題を解決することができますか」と聞くことで，課題の確認と練習する意味を考えさせることができます。

14 表現力が身に付く言葉かけ

1 表現力とは

　小学校学習指導要領解説（体育編）には，「考えたことを友達（他者）に伝える」と書かれています。まずは，友達の動きを見たまま伝えることです。台上前転で，跳び箱の手前に着手をしていれば，「跳び箱の手前で手を着いていたよ」と見たままのことを伝えます。伝えることで，自分の動きのポイントを整理することになります。伝えるためには運動のポイントを理解していなければいけません。そうしないと，なんとなくよかったと伝える子もいます。いきなりアドバイスをすることはしません。教師でもアドバイスが難しいときがあります。試技者が見てほしいところを中心に観察して，見たままを伝えるようにしましょう。

2 具体的な言葉かけは教師が調整する

　子供が友達の動きを観察している横で，「跳び箱の手前で手を着いていたよ！！」と，教師は先に言いません。
　教師　「（見ている子に）Ａさんの手の位置はどうでしたか」
　子供　「跳び箱の手前に着いていました」
　教師　「そうでしたね。そのまま友達に伝えましょう」
　このように，観察者に「今の動きはどうでしたか」と聞きます。教師に言ったことをそのまま友達に伝えればよいのです。観察者が見られなかった場合もあります。
　教師　「（見ている子に）今の動きはどうでしたか」
　子供　「わからなかった……」
　教師　「実は，手の着く位置は手前だったよ！　そう友達に伝えてね」
　教師が見たことを，子供同士で伝え合う練習をするとよいです。

Chapter1　子供に伝わる教師の言葉かけスキル　23

15 安全に気を付けたくなる言葉かけ

1 エピソードを話す

跳び箱運動の場合，次のようなことを話します。

「明日から跳び箱運動がはじまります。先生は今まで2つの事故を聞きました。1つ目は，跳び箱の間に髪の毛が挟まった事故です。その子は帽子を被らずに台上前転をしました。すると，『ブチッ！！』という音がしました。跳び箱に引っかかった髪の毛が切れた音でした。急に頭皮から離れたため出血もひどかったです。2つ目は，ピンが手に刺さりました。髪を止めるピンが跳び箱の上に落ちました。次の子が開脚跳びをしたときに，ピンが手に刺さり，出血しました。さて，これらの事故は事前に防ぐことができます。どうすればよいのでしょうか」

帽子を被ることやヘアゴムで髪を結ぶなど，事前の準備が自分や友達の安全を守ることにつながることを話します。このようなエピソードを経験しなくても「先生が聞いた話なんだけど……」と言えば大丈夫です。ただし防ぎようがない事故の話をすると，運動そのものが嫌になるので気を付けてください。

2 それって安全かな？と言う

低学年の運動遊びで，マットのコースを作っていました。凸凹して危険な箇所があったので，「それって安全かな？」と聞きます。教師が聞くということは，子供からすれば「これって安全じゃないんだ……」という隠れたメッセージになります。事前に安全とはどのような場なのかを確認した上で言うと効果的です。

ほとんどの大きな怪我は未然に防げるものです。

16 態度面を意識させる言葉かけ

1 小学校学習指導要領解説（体育編）の言葉を使う

第3学年及び第4学年，（3）学びに向かう力，人間性等の内容です。

(一部略)

	内容（一部）	言葉かけ
ア	進んで取り組む	「何回も取り組んでいるね」
イ	きまり，仲良く運動	「きまりを守っているね」「友達と仲良くしているね」
ウ	準備や片付け	「安全に片付けをしているね」
エ	考えを認める	「友達の話をうなずいて聞いているね」
オ	場の安全	「周りをよく見て取り組んでいるね」

このように書かれていることをそのまま言葉にします。

ポイントは，個人ではなく，全体に聞こえる声で言います。

教師　　「周りをよく見て取り組んでいるね」

Aさん　「自分も周りを見て取り組まないといけないな」

教師　　「Aさん，周りをよく見ているね。安全だよ」

全体で伝えたことができていれば，個人の名前を出してほめることです。このように行動を強化するために，全体→個人→全体を繰り返します。

2 態度面の MVP を決める

振り返りの時間に，「今日の安全 MVP は B さんです」と教師が取り上げることも大事です。高学年であれば，「1班が安全でしたね」と個人よりもグループをほめるようにします。他にも，グループの中で，安全にできたのか自己評価させることも大事です。その際に，「どこが安全にできていたのか」と具体的に言えるようになるといいです。

Chapter1　子供に伝わる教師の言葉かけスキル　25

17 ICTを活用した言葉かけ

1 SNS風のコメント

　ロイロノートのアプリでは，学習カードを共同編集できます。友達の動きの映像に付箋を使ってコメントすることができます。

「3人以上にコメントしたらインフルエンサーです」
「3人以上に付箋をもらったらバスります」
このような言葉をかけて，楽しく友達の良さを伝え合うようにしています。

2 個別にメッセージを送る

　授業中にタブレットを使ってメッセージを送ることは安全面の観点から難しいです。そこで，授業後に，「そういえば，今日のサッカーで，負けても相手のために拍手をしていたよね。よかったですよ」と振り返りシートにコメントやチャット機能などを活用して伝えることができます。言葉と違って文字として残ります。SNS時代だからこそ，できる言葉かけですね。

18 支援を要する子への言葉かけ

1 本質は違う？

　支援を要する子といっても，様々な特性があります。例えば，勝ち負けを受け入れることができない子のイメージ図です。

　勝ちたいという気持ちの中に，子供が困っていることが隠れています。そのため，教師は子供の態度だけで判断せずに，本質に迫るために「何かあったの？」と聞く姿勢も必要です。

2 予告する

　勝ち負けを受け入れることが難しい子には，事前に練習をするのもよいです。「バレーボールでは，勝ち負けが決まります。もしかしたら負けることがあります。そのときどうしますか。よければ休み時間に練習しませんか」と聞きます。誰よりも早めにルールを覚えて，負けを受け入れることを少しずつ身に付けさせたいと思います。「もし負けたらどうする？」と授業前に確認することもおすすめします。

19　見学をしている子への言葉かけ

■ 役割を与える

　無理のない限りで見学者に書かせます。左は項目を設けた学習カードです。右は，体育ノートやマス目ノートに書かせた見学メモです。

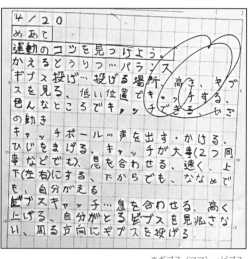

※ギブス（ママ）→ビブス

　このようなカードがあることで，見学者も見て学ぶことができます。最近はタブレットに気が付いたことを打たせて，送信させることもあります。

```
なでなでおうえんができてる
あいずとかしている
アドバイスしてる
けんかがあんまりない
```

```
よいところ

①楽しくできているところ
②大きな声で「タグ！」といっている
ところ
③終わったら「ありがとうございました」といっているところ

みんな協力できていてよかったです。
```

20　保護者を巻き込む言葉かけ

1　通信で伝える

　運動会の時期など，学級通信を通して保護者から感想をいただくことがあります。
　①グーグルでフォームを作成する。
　②学年通信に QR コードを添付する。
　③保護者からいただいた感想を通信に匿名で掲載する。
　④通信を子供に読み聞かせする。
　このような活動を通して，子供に運動に対する自信をもたせることができます。

2　運動している姿を見てもらう

　過去に授業参観で体育を見る機会が少なかったという意見がありました。そのため，撮影した動きをフォルダに保存することで，子供のタブレットを通して保護者に見ていただき，コメントをもらうことができます。

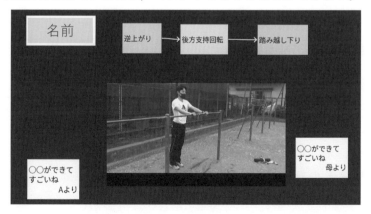

21 言葉かけを鍛える修業法

1 授業を参観する

一番は尊敬する先生の授業を参観することです。できれば録音，テープ起こしをします。次のようなシートを活用すると言葉かけを分類することができます。

記録したことをもとに，質問をします。

「どうしてＡさんに○○と言いましたか」

授業が上手な先生のクラスは，子供が発する言葉の質も高いと思います。一部の子供だけの発言を記録して，分析する方法もあります。

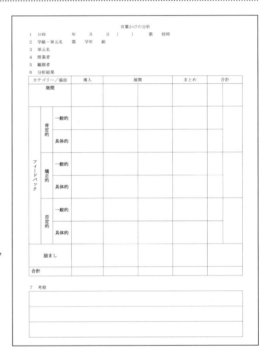

2 毎時間自分の音声を記録する

管理職や保護者に「研究のために音声を記録します」と伝えた上で，録音をします。放課後に，一部でよいので自分の言葉を聞きます。その際に，上記のシートを活用して分類するとよいです。限られた時間の中では厳しいかと思います。そこで，この単元は発問に絞ると決めます。その上で，もっとよい発問があるのではないかと考えたり，先輩教師に聞いたりするとよいでしょう。近くの研究会に参加して，自分の言葉を鍛えることもおすすめです。

22 ファシリテーション① 「やってごらん」

1 ファシリテーターの3つの言葉かけ

「令和の日本型学校教育」の中で，教師に求められる資質・能力として，指導力のほかに「ファシリテーション能力」が改めて強調されました。

ファシリテーションとは，「促進・助長」です。ファシリテーターが，知識や解決策を提示するのではなく，子供の考えや行動を調整することで主体性が生まれ，深い学びができる環境づくりにつながると言われています。

3年マットの実践から，ファシリテーターの言葉かけを3つ紹介します。

2 「やってごらん」

【定義】 単元の出合いにおいて，1つの例示と発問によって，子供から引き出す指示
【時間】 3年生初期（第1時〜第2時）
【指示】 ○○をします。（例）マットの上で転がります。
【発問】 どんな○○がありますか。（例）どんな転がり方がありますか。

既習事項の確認と実態調査を含めた言葉かけです。教師は子供の動きを見ながら，「Aさんの動きは何と言いますか？」「今の動きをホワイトボードに書いてください」と動き方を集めます。（図：ホワイトボード参照）

全体を止めます。

「このような動き方が出ました。Aさん，前で転がるをやってください。（Aが実演）みんなも真似してごらん」と，3年生で学ばせたい動き方を中心に例示・試技することをします。子供の意見をもとに授業を進めます。

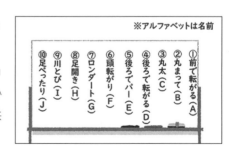

23 ファシリテーション②「選んでごらん」

「選んでごらん」

【定義】 教師から与えられた遊び方や課題で，ねらいとする動きを身に付け
るための指示

【時間】 中期（第3時〜第4時）

【指示】 A，B，Cがあります。

（例）A　まっすぐコース　B　ジグザグコース　C　ぐるぐるコ
ースがあります。

【発問】 自分にとって動きを楽しめる遊びの場はどれですか。

【指示】 選んでごらん。

（例）低学年　マットを使った運動遊び

> （2）思考力，判断力，表現力等
> 坂道やジグザグなどの複数のコースでいろいろな方向に転がることができるよ
> うに場を選んだり（略）

教師が遊ぶ場を与えて，子供たちに選ばせることで学習指導要領に書かれ
ている思考を深めることができます。

（例）中学年　マット運動

> （2）思考力，判断力，表現力等
> 自己の能力に適した課題を見付け，技ができるようになるための活動を工夫す
> る（略）

教師がマット運動で課題となる部分を3つほど用意して，子供たちに選ば
せます。3つともできている場合は，もっと上手になるための課題を用意す
ることで，自分の能力に適した課題を選ぶことができます。

子供の実態を見て，「どんな課題があるかな」と聞き，子供から出させた
ものの中から選ばせることもできます。

24 ファシリテーション③「つくってごらん」

「つくってごらん」

【定義】 提案された遊び方や練習の場を改良，付け足しをして，ねらいとする動きを身に付けさせる指示

【時間】 後期（第5時～第6時）

【指示】 （低）　今までの遊び方をします。
　　　　（中高）課題を解決するために練習をします。

【発問】 （低）　もっとみんなが楽しむために，どうすればよいですか。
　　　　（中高）もっとみんなができるようになるために，どうすればよいですか。

【指示】 つくってごらん。

「選んでごらん」で様々な遊び方や課題を選び，練習をした後に言います。

（例）低学年　マットを使った運動遊び　モノをプラスした場づくり

（例）中，高学年　開脚前転で腰の位置を高くするために考えた場づくり

このように遊び方や課題解決する場を考えさせることが大切です。

25 体育授業ですぐ使える資質・能力別の言葉かけ9選

すぐに使える効果的な言葉かけを紹介します。

1 知識及び技能に関する言葉

①「上手になるために，どこを意識しましたか」
　→運動のポイントを見付けるとき
②「前より上手になりましたね」
　→成長したことを実感させるとき
③「もっと〇〇するといいよ」
　→改善点を伝えるとき

2 思考力，判断力，表現力等に関する言葉

④「どうして，この場（この課題）を選びましたか」
　→課題を選んだ根拠を考えさせるとき
⑤「この場で練習をすると，どんな良さがありますか」
　→練習をしている意味を考えさせるとき
⑥「友達のよい動きはどこでしたか。伝えてごらん」
　→相互評価をするとき

3 学びに向かう力，人間性等に関する言葉

⑦「それって安全ですか」
　→安全に準備や片付け，運動するとき
⑧「この運動の楽しさは何かな。何度もやりたくなる楽しさとは？」
　→進んで運動に取り組ませたいとき
⑨「勝ち負けを受け入れる姿が素敵ですね」
　→勝敗に関わる運動をするとき

Chapter 2

子供が主体的に動きたくなる！
体育教師の変換言葉50

知識及び技能 | 思考力, 判断力, 表現力等 | 学びに向かう力, 人間性等

1 動きのポイントを見付けるとき①

Before
上手なところはどこですか。

After
Aですか。Bですか。

Point! 動きのポイントを限定します。子どもがお手本のどこを見ればよいのか明確になります。

具体場面でチェック！

指導のためのアドバイス

「上手なところはどこですか」では，運動を観察する視点が定まっていません。結果，いろいろな意見が出てしまいます。そこで「Aですか。Bですか」と視点を限定することで，どこを見ればよいのかがわかります。そのためには教師が動きのポイントを事前に調べておく必要があります。

言葉を変換するコツ

コツ❶ 「～するために」を付け加える

本時で学ばせたい運動のポイントを教師が決めておくとよいです。例えば後転で回転することができない子は，回転加速が必要となります。「回転加速を高めよう」と言ってもわかりません。「後転でより勢いをつけるために，はじめの姿勢は『A：中腰　B：体育座り』のどっち？」と問います。「～するために」を付け加えるだけで，ポイントを知るための目的が生まれます。

コツ❷ 答えが確定したら「確かめてごらん」と言う

ポイントがわかったら確かめる時間をつくります。それでも，すぐ技ができない子もいます。そんな子には，「中腰にすることで，さっきより勢いがついていたよ」とポイントを意識したほめ言葉で子どもの意欲を高めます。

どうしてA（B）ですか。理由を言います。

子供に選んだ理由を問うことで，技ができるために必要であることが理解できます。実際に運動をした感想を聞くだけでもよいです。

| 知識及び技能 | 思考力，判断力，表現力等 | 学びに向かう力，人間性等 |

2 動きのポイントを見付けるとき②

Before
動きをよく見なさい。

After
スロー再生をするよ。

Point! 教師がお手本の子を支えながら見せることで，動きのポイントを理解することができます。

具体場面でチェック！

指導のためのアドバイス

よい動きを見せることをモデリングと言います。視点を決めても動きは一瞬のため，どこがポイントかわかりづらくなります。そこでスロー再生です。教師が子供を支えながら「どこを見ていますか」と観察者に問います。ただし，高学年は教師に体を支えられることに抵抗感をもつ子がいますので，事前にスロー再生をする子供に確認をする必要があります。

言葉を変換するコツ

コツ❶ 「ストップ機能」を使う

教師が見せたい部分のときに「ストップ」と言い，動きを止めます。その際に「Aさんは，今どこを見ていますか」と観察者に聞きます。このように見せたい部分で動きを止めて，クラス全員でポイントを共有します。

コツ❷ その場で「スクショ」する

PCのスクリーンショットのように，お手本の動きのポイントごとに観察者が写真を撮ります。この写真をつなげると連続図ができ上がります。子供たちにとって友達がお手本になることで親近感が湧きます。もちろん動画を撮ることで，他のクラスとお手本の子の動きを共有することができます。

次の〜は，どこを見ているでしょうか。／次はどうなるでしょうか。

スロー再生で見てほしいところを伝えます。その際に予想させることで，クイズ形式で楽しみながら観察をすることができます。

| 知識及び技能 | 思考力，判断力，表現力等 | 学びに向かう力，人間性等 |

3 運動していることを激励するとき

Before
だから言ったでしょう。

After
大丈夫だった？

Point! まずは怪我の有無を確認して，やってみたけどできなかった子には励ましたり，動きのポイントを整理したりします。

具体場面でチェック！

指導のためのアドバイス

　学習位相理論とは，学習習得の段階の意味です。例えば，台上前転の動きを確認した後に，すぐにできる子とできない子に分かれます。やってみたけどできなかった子（探索位相）に「大丈夫だった？」と安全面の確認をするだけで，子供は安心することができます。教師は，子供ができなくて当然という姿勢で子供と向き合いたいです。

言葉を変換するコツ

コツ❶　「前にこんな動きをしたことはある？」

　算数では，２年生でかけ算九九を学び，３年生で２位数×１位数の計算があるように，体育にも系統性があります。台上前転の場合，「前のマット運動で，台上前転と似ている動きをしました。何ですか」と問うことで「前転」とのつながりを説明します。このように既習事項を思い出させるだけでも運動のポイントを共有することができます。

コツ❷　「お手本の動きに近づいているね」

　お手本の動きに少しでも近づいたら「お手本と比べ腰の高さが同じになっているよ」とほめることで，動きのポイントをより意識するようになります。

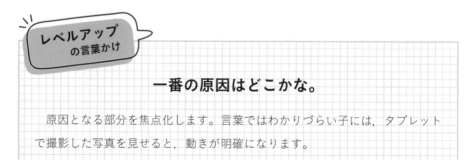

レベルアップの言葉かけ

一番の原因はどこかな。

　原因となる部分を焦点化します。言葉ではわかりづらい子には，タブレットで撮影した写真を見せると，動きが明確になります。

| 知識及び技能 | 思考力, 判断力, 表現力等 | 学びに向かう力, 人間性等 |

4 動きのコツを意識するとき

Before
今こうだったよ。

After
今，何をしたの？

Point! なんとなくできてしまった子供への言葉かけです。自分の動きを言語化させることでコツを意識しながら取り組むことができます。

具体場面でチェック！

指導のためのアドバイス

　動きを習得するためにポイントやコツが提示されることあります。ポイントとは，指導書にある一般的な動きのことです。コツとはその子自身が感じ取った動きのことです。AさんのコツがB さんに合っていることがあれば，Cさんには合わないこともあります。まずは，自分が考えた動き方を言語化させることです。運動する過程の中で何をしたのかを問う必要があります。

言葉を変換するコツ

コツ❶　具体的な場面を提示する

　具体的な場面を提示します。「今，ゴール下でボールをもらっていたけどどうしてかな」「跳び箱でマットに近いところで手を着いていたのはどうしてかな」と，限定した聞き方も効果的です。

コツ❷　視点を与える

　「今，何をしたの？」と聞いて，「うーん……」と悩む子がいます。そのため，「次は，手を意識してみよう」と視点を与えます。運動後に「今，どうだった？」と聞くことで，子供が動きの中でどのように感じたのかを理解することができます。

わかったのはどうしてかな。

　日頃から考えながら動くことを意識させるための言葉かけです。「わかる」と「できる」を結び付ける手段の一つとして言葉かけが必要です。

> 知識及び技能　思考力, 判断力, 表現力等　学びに向かう力, 人間性等

5　動きのポイントを共有するとき

Before
Aさん，お手本どうぞ。

After **Aさん，みんなの前でもう一度お願いしてもよいですか。**

よい動きを共有するときに，事前にお手本となる子に声をかけます。事前に確認をすることで，お手本になる子が安心して例示することができます。

具体場面でチェック！

Before

Aさんお手本どうぞ！
（さっきと違うなあ。）

After

お手本をお願い。

指先が下を向いているよ。

指導のためのアドバイス

手本にしたい子がいたとします。クラスみんなの前でやってもらったにもかかわらず，意図した動きではなかった経験はありませんか。「さっきは違ったけど……」と恥をかかせてしまいます。そうならないように，事前にお手本の予約をします。そうすることで，お手本の何が上手だったのか本人が気づき，再現性が高くなります。

言葉を変換するコツ

コツ❶　どこが上手だったのかを共有する

「どうしてボールを捕るときに，指を地面につけたの？」と聞いて，手本の子から理由を聞き出します。聞き出した後に，その部分だけをクラスみんなの前でやってほしいことを伝えます。

コツ❷　局面を限定して観察する

観察者には，「Ａさんが手本です。ボールを捕るときに指先は空に向きますか。それとも地面に向きますか」と視点を限定するとわかりやすくなります。その上で，指先を地面に向ける理由を考えさせてもよいです。

Ａさん〜が上手です。どうして○○したのかな。

お手本の子供に動きのポイントを聞くとよいです。理由を聞くことで，観察者と動きのポイントを共有することができます。

知識及び技能　思考力，判断力，表現力等　学びに向かう力，人間性等

6 動きのポイントを再確認するとき

Before
ポイントは○○だよ。

After
○○はどうするんだっけ？

Point! 子供にポイントを何度も確認することで，意識して動くことができます。必ず事前にポイントを整理すると，有効です。

具体場面でチェック！

Before

体の正面でボールを捕りましょう。

After

どうするんだっけ？

46

指導のためのアドバイス

　子供の動きに合わせて「矯正的な言葉かけ」をすることがあります。矯正的とは，「もっと〇〇しよう」というように相手の動きを修正する言葉かけです。矯正的な言葉かけと合わせて，子供に動きのポイントを振り返らせることも必要です。そのために，「この場合は，どうすればいいんだっけ？」と聞くことで，子供自身が動きのポイントを思い出すことができます。

言葉を変換するコツ

コツ❶　運動をする前に伝える

　運動前に，「このときは，どうするんだっけ？」と確認をします。そして運動後に「どうだった？」と振り返ることでポイントをより意識させます。教師が子供の動きを見たままのことを伝えてもよいでしょう。

コツ❷　一点突破の指導をする

　たくさんのポイントがある場合は，どれも指導しようとすると大変です。「この時間は〇〇だけ見よう」と観点を決めておくとよいです。そうすることで，子供が，どこまでできているのかを把握することができます。

どうして〇〇するのですか。

　動きの確認をした後に，理由を聞くことも大切です。動きができるようになると納得することで，子供が必要感をもって運動します。

7 具体的なめあてを示すとき

Before
がんばりなさい。

After **あと○○速くしよう。／
あと○○高くしよう。**

> Point! 具体的な数値を示すことで，めあてをもたせることができます。めあてがあることで，達成までどのくらいなのか明確になります。

具体場面でチェック！

Before

もっとがんばろう！

After

あと1秒速くしよう

指導のためのアドバイス

「がんばろう」という言葉を否定はしません。ただ，子供はがんばって運動をしています。がんばることはわかっているけれども，どこまでがんばればよいのかわかりません。そこでめあてを設定します。めあてを設定するときには，陸上運動系であれば，「あと0.1秒速く」「あと1cm高く」，ボール運動系であれば，「あと1点」など，数値化することでより具体的なめあてをもたせることができます。

言葉を変換するコツ

コツ❶　めあてを明確にする

インターネット等で調べると，どのくらいのタイムでゴールをすればよいのかめあてとなる数値があります。これを利用し「自分のめあてはどこですか」「学習が終わるまでに，どこまで目指しますか」とめあてを設定します。

コツ❷　いつでもめあてを達成する

めあてを達成した子には，「何度走っても同じタイムにしよう」など，いつでもできるようにさせたいです。また，友達がめあてを達成できるように良さを見付けようなど言葉をかけることも大切です。

どうすれば○秒速くなりますか。

あと○秒というめあてを達成するために自分の課題と向き合います。お手本と自分の動きを比べながら考えさせます。

| | 知識及び技能 | 思考力，判断力，表現力等 | 学びに向かう力，人間性等 |

8 タイミングを具体的に表すとき

Before
タイミングよく！

After
「今！」と声をかけよう。

Point! バトンの受け渡しが１回で，できるようになるための合図を決めます。

具体場面でチェック！

Before

タイミングよくバトンを渡そう！

After

今！

タイミングよくバトンを渡せたね！

指導のためのアドバイス

「走りながら，タイミングよくバトンの受渡しをすること（中学年）」と小学校学習指導要領解説に示されています。「タイミングよく」をお互いに走りながら，バトンをもらうことができるように具体化しました。つまり，走り出すタイミングを次走者の友達が「今！」と合図を出すことでよりよいバトンパスをすることができます。

言葉を変換するコツ

コツ❶ タイミングを決める線をかく

前走者がどこまで来たら「今！」と声をかけるのかを決めさせます。

中学年であれば，全員同じ位置で走り出します。高学年であれば，自分と前走者の走るスピードに応じて走り出す位置を調整します。

コツ❷ うまくいかないチームがいたらチャンス

必ずバトンパスがうまくいかないチームがいます。「何か困ったことはありますか」や「走りながらバトンを受け取ることができましたか」と聞いて，困り感を共有して，解決方法を考えます。

前の子がどこまで来たら走り出すのか印をつけよう。

はじめは，見ている友達が判断をします。自分で走り出すタイミングを決めることで，自分に合ったスタートの仕方が身に付きます。

| | 知識及び技能 | 思考力，判断力，表現力等 | 学びに向かう力，人間性等 |

9 動きのポイントを音の違いで理解するとき

Before
○○します。

After
○○という音を出そう。

Point! 運動時の音に着目することで，動きのポイントを理解することができます。

具体場面でチェック！

指導のためのアドバイス

　擬音語や擬態語を使うことで，動きのポイントがわかりやすくなります。人によって音の表現が違ってもよいのです。共通点を見付けます。例えば，跳び箱の踏切であれば，「バン！」「ドン！」でもよいのです。「『バーン』だとどうかな」と子供に聞きます。踏切でバーンだと，強く踏み切ることができないという考えを引き出せばよいのです。クラスに聞いて，共通点となる意見から音を表現しましょう。

言葉を変換するコツ

コツ❶　理由を問う

　「どうして〇〇という音がよいのですか」と聞きます。言葉かけにより理由が明確になり，納得感が出ます。もちろん人によって音の感覚は違うので，3～4個程度の意見を出してから，自分に合った音で行わせるとよいです。

コツ❷　周りの子に言わせる

　見ている子に「どんな音だったかな」と問うことで，観察者の表現力を向上することにもつながります。その際に，「こんな音だと～でいいよね」等，理由も言えるとよいでしょう。

音で，似ているところは何ですか。

　子供によって聞こえ方は違います。「似ているところは何ですか」と聞いて，動きのポイントを整理しましょう。

知識及び技能 | 思考力, 判断力, 表現力等 | 学びに向かう力, 人間性等

10　ボールを持たない動きを身に付けるとき

Before
動け！動け！

After
ストップ！

> Point!　動きを止めて，「どこに動くとよいのか」と聞くことで，パスがもらいやすい場所を理解することができます。

具体場面でチェック！

Before

After

指導のためのアドバイス

ボールを持たない動きを理解させることに有効的な技「ゲームフリーズ」です。練習のときに，どこでボールをもらえばよいのかわからない子がいたとします。そのときに「ピッ」と笛を吹いて動きを止めます。「ボールを持っていない人は，どこに行くとパスをもらうことができますか」と聞いて，プレイが止まっている中で移動します。「ここにいるとパスをもらうことができますね」と動き方を知ることができます。

言葉を変換するコツ

コツ❶　見ている子に問う

「Aさんはどこに動くとボールがもらえますか」と問います。そうすることで観察者も考えるようになります。また，チームメイトにも聞いてもよいです。

コツ❷　いると困るところを聞く

守りの子に「どこにいるとシュートを狙われますか」と聞きます。守り目線でボールを持たない動きを考えることで，いたら困る場所で守り始めます。

どんな合図があるとよいですか。

ボールを持っている子が，指で誘導することやボールを持たない子が欲しい場所に手を出すなど，チームで合図を決めるとよいです。

| | 知識及び技能 | 思考力, 判断力, 表現力等 | 学びに向かう力, 人間性等 |

11 成長を評価するとき

Before
よかったよ！

After
前よりよくなったね！

Point! 前と比べて成長したことをほめることで，子供が運動に自信をもつことができます。

具体場面でチェック！

Before

After

指導のためのアドバイス

「前の動きと比べてよかったところを伝えると，子供の心に残りやすい」という先行実践がありました。そのため，一人一人をよく観察する必要があります。課題別練習になると，簡単に言葉かけができます。その課題に対して「前より〜だったね」と伝えるだけで子供の心に残りやすくなります。本当に成長したことに焦点を当てるためにも，教師の観察する技術が必要です。

言葉を変換するコツ

コツ❶　何がよくなったのかを明確にする

「前より〜がよくなったね」と具体的な言葉かけをしましょう。子供が，何がよくなったのか明確になります。「体の一部が○○だった」と言うと，子供が運動で体の一部を意識することができます。

コツ❷　前はどうだったのか動く前に聞く

「今までの課題は何でしたか」と運動前に聞くことで，教師が適切なフィードバックを与えることができます。そのため，事前に子供に課題となる部分を聞いてもよいでしょう。

前より何がよくなったと思う？

クイズ形式でよくなったことを問います。子供が言ったことに重ねて教師も「前より〜だったね」とほめることで行動が強化されます。

| | 知識及び技能 | 思考力，判断力，表現力等 | 学びに向かう力，人間性等 |

12　行い方の確認をするとき

Before
このルールです。

After
何かルールで困ったことはありますか。

Point! ボール運動系で，試しのゲームをした後に聞くことで，ルールでわからなかったことをクラスで共有することができます。

具体場面でチェック！

Before

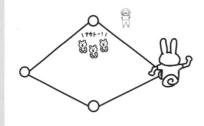  

After

指導のためのアドバイス

　ボール運動系の試しのゲームとは，教師が子供の実態にルール（行い方）が合っているのかを確認する時間です。まずは，教師が提示したルールでゲームを行います。子供全員がゲームを経験した後に，「何かルールで困ったことはありますか」と聞きます。得点方法やラインはあるのか等という意見が出ます。「みんなはどうしたい？」や「この場合は，得点に入れる？　入れない？」等と子供に聞いて合意形成を図ります。

言葉を変換するコツ

コツ❶　ルールの理由を伝える

　バスケットボールで，「どうしてリングにボールを当てても1点になるようにしたと思いますか」と聞きます。「全員がシュートを決める」という理由が子供に伝わります。

コツ❷　最低限のルールだけ提示する

　あまりにも複雑なルールにすると，覚えるだけで大変です。攻めと守りの動きが簡単にわかるようなルールを提示します。そうするとルールで困ったことが出にくくなります。

どんなルールを追加するとよいかな。

　思考との関わりになります。「みんな（チーム）が楽しめるルールはありますか」と自分たちに合ったルールを決めるのもよいでしょう。

知識及び技能 | 思考力，判断力，表現力等 | 学びに向かう力，人間性等

13 動きを比べてポイントを見付けるとき

Before
友達との違いはどこですか。

After 先生と比べてできているところはどこですか。

Point! 子供の動きと，教師の動きを比べることで，運動のポイントを理解することができるようにします。

具体場面でチェック！

Before

AさんよりBさんが上手。

After

立てないよ〜

先生よりBさんが上手！

指導のためのアドバイス

　モデリング（動きを観察する対象）はできるだけ子供がよいと言われています。だからといって，子供同士の動きを比較してもよいのでしょうか。比較を行うと，どちらかがよくないというイメージを与えます。そのためによい動きは子供，よくない動きは教師がすることで，観察者は，友達の良さだけを見付けることができます。ただし，教師がよくない動きをするときに，わかりやすく演技をする必要があります。例えば，前転をしたときに，手をついて起き上がる姿などを見せることです。

言葉を変換するコツ

コツ❶　視点を与える

　「Ａさんと先生では，前転で起き上がるときが違います。何が違いますか」と観察の視点を与えます。

コツ❷　お手本の子に事前に声をかける

　全体で紹介する前に，「起き上がるところをみんなに見てほしいからお願いします」と声をかけることで，何をすればよいのかが明確になります。

ＡさんとＢさんで共通している良さは何ですか。

　子供同士で比べることがあれば，「よい所の共通点」を見付けることで，どちらもよい気持ちで取り組むことができます。

知識及び技能 | 思考力, 判断力, 表現力等 | 学びに向かう力, 人間性等

14　前時の振り返りで本時の課題をつくるとき

Before
今日は○○をします。

After
振り返りを紹介します。

Point! 前時の振り返りで，課題となる部分を見付け，本時の課題として提示することで，学習に必要感をもたせることができるようにします。

具体場面でチェック！

Before

After

指導のためのアドバイス

　文科省によると「振り返りは,「学んだ内容」「学び方」「これからの自分」を意識したものに子供自身が定着することにより,こまめに主体的に振り返る習慣が身に付いてくる」と述べています。学んだ内容を自分だけではなく,他者に紹介することで,明確な課題をもたせることができます。「自分も同じことを考えていた」「そういう視点があったのか」と学びを広げるために振り返りを紹介することがあります。

言葉を変換するコツ

コツ❶　「一番多かったものは○○です」
　「前回の振り返りで,逆上がりをするときのはじめの姿勢で困っている子が多かったです」と,一番多かったものを扱うことがあります。

コツ❷　同じような振り返りをした子同士で集まる
　前時の振り返りを選択式にしたときに,同じものを選んだ子で集まります。そこから本時の課題を設定させることもできます。

次の学習では,どのように生かしますか。

　器械運動系で,鉄棒運動を終えて,次にマット運動に意識を向けるための言葉かけです。単元ごとに考えずに,次の学習へのつながりをもたせるとよいです。

| | 知識及び技能 | 思考力，判断力，表現力等 | 学びに向かう力，人間性等 |

15　自分の達成度を確認するとき

Before
自分のできばえはどうですか。

After
自分のできばえは何点ですか。

Point! 自分の課題を解決することを数値化することで，自分のできばえを客観的に評価することができます。

具体場面でチェック！

指導のためのアドバイス

　小学校学習指導要領解説の思考力，判断力，表現力等に「できばえ」という言葉があります。できばえを数値化します。例えば，表現運動の場合は「40点：リズムにのってなんとかできる」「80点：リズムに合わせてできる」「100点：リズムにのり，動きがダイナミックにできる」と決めて，自己評価します。この際に，自身の動きを撮影して，客観的に評価させることにより，課題解決まで何が足りないのかが明確になります。

言葉を変換するコツ

コツ❶　抽象的な言葉を具体的にする

　「リズムにのるとはどういうことですか」「ダイナミックとはどんな踊り方ですか」等，抽象的な言葉を子供と一緒に具体化することで，明確な評価をすることができます。

コツ❷　友達の動きを評価する

　「友達の動きを見て，点数化します」ということも可能です。友達の動きを見て，自身の改善点が見える場合があります。

100点の子は，どのようなことに気を付けて〜しますか。

　100点の子のめあての設定を忘れがちです。100点をとった子は，さらにどのようなことに気を付けていくか，観点を集めておくとよいです。

知識及び技能　思考力，判断力，表現力等　学びに向かう力，人間性等

16　課題を選んだ理由を言うとき

Before
この課題にしたんだね。

After
どうしてこの課題にしましたか。

Point!　自分に合った課題を選んだ理由を言ったり，書いたりすることができるようにします。

具体場面でチェック！

Before

この課題にしたんだね。

立てないよ〜

After

どうしてこの課題にしましたか。

指導のためのアドバイス

はじめは教師が「あなたの課題は〇〇ですね」と教えます。だんだん子供に自分の動きを観察することや友達に見てもらうことで,「自分の課題は〇〇です」と自己認識させるようにしたいです。そのために,教師が,「どうしてこの課題を選んだの?」と聞いたことに答えたり,学習カードに書かせたりすることで,根拠をもって課題を選ぶことができるようになります。書くのが苦手な子には,運動中に問うことが必要です。

言葉を変換するコツ

コツ❶　課題を提示する

「課題は何ですか」と聞いても,子供は何を課題にすればよいのかわかりません。そのため,課題となる部分を教師から提示して,「この中の課題だったらどれが当てはまりますか」と問うことで,子供に選ばせることができます。

コツ❷　課題を克服したときの姿を問う

「この課題ができるようになったときは,どんな姿ですか」と問うことで,解決したときの自分の姿を思い浮かべることができます。

どの課題も達成している子は,もっと上手になれる課題を選びます。

もっと上手になるための課題（技を磨く・発展技に挑戦）を用意することで,できる子も課題を選択できるようになります。

|知識及び技能|思考力，判断力，表現力等|学びに向かう力，人間性等|

17 課題を解決するための練習をしているとき

Before
いいね！この調子だよ。

After
ここで練習をしている理由は何ですか。

Point! 子供自身が課題を把握するときや，課題を解決するためにどんな練習をしているのかを認知することができるようにします。

具体場面でチェック！

Before
いいね！その調子！

After
どうしてこの場で，練習をしているの？
前転で横にそれてしまうからです。

指導のためのアドバイス

子供の動きが上手になったら，ほめたり助言したりすることは大切です。「思考力，判断力，表現力等」を養うことを目的とすると，技能の伸びのほめに加えて，「どうしてここで練習をしているのかな」と練習の場を選んだ根拠が言えるようになりたいです。「なんとなく……」という子には，「この場所を選んだらどんなことができるの？」と聞くことで，選んだ理由を明確にしましょう。

言葉を変換するコツ

コツ❶　この場で練習した後の姿を問う

「この場で練習したら，どんな姿になるのかな」と問うことで，目標となる姿をイメージさせます。その目標に向かって練習していることを自覚させましょう。

コツ❷　課題を解決することを忘れない

「この場では，どんな課題を解決するのかな」と問うことも大切です。「仲のよい友達が選んだから」という子もいます。そのため，課題を意識させるために確認した方がよいです。

この場でできる最高の姿って何だろうね。

練習を重ねると，できるようになります。そのときに他の場所に移動せずに，その場でできる最高の姿に近づけるようにさせたいです。

| 知識及び技能 | **思考力，判断力，表現力等** | 学びに向かう力，人間性等 |

18　子供と規則の一部をつくるとき

Before
規則を守ります。

After
やってみて必要な規則はありますか。

Point!　教師が運動を楽しむための大体の規則を決めて，もっと楽しむための規則を子供とつくることで，思考力を育むことができるようにします。

具体場面でチェック！

Before

あの子ばっかり…つまらないなあ。

After

やってみて必要な規則はありますか。

みんながシュートできる規則です。

指導のためのアドバイス

　極端な話，高学年のボール運動は，公式に近い規則で行います。全員が試合を経験した後に，「どうだった？」と聞きます。子供から「点数が入らない」「ボールに触れない」等，困ったことがたくさん出ます。そこから，「先生は全員に得点を決めてほしいです。得点が入りやすいように，Ａ　フリーゾーン，Ｂ　全員入れたら10点という規則があります。どちらがよいですか」など，提案することができます。

言葉を変換するコツ

コツ❶　全員が楽しめるようにしたいことを伝える

　「全員が，ボール運動を楽しめるようにしたい」と単元のねらいを明確に伝えることです。中学年であれば，規則を提示，高学年であれば選択や自分たちに合ったものを考えさせることもできます。

コツ❷　自分たちのチームに合った規則を選ぶ

　「自分たちのチームに合った規則を選びます」と得点しやすいものを選ばせることも可能です。

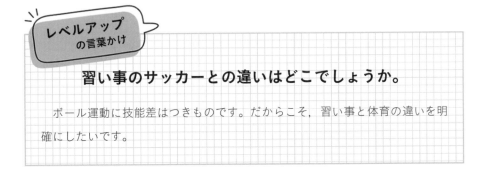

レベルアップの言葉かけ

習い事のサッカーとの違いはどこでしょうか。

　ボール運動に技能差はつきものです。だからこそ，習い事と体育の違いを明確にしたいです。

| | 知識及び技能 | 思考力, 判断力, 表現力等 | 学びに向かう力, 人間性等 |

19　状況判断を身に付けるとき

Before
○○しなさい。

After
○○のときはどうしますか。

Point! ボール運動の一部の場面を子供に問うことで，状況を判断する力を身に付けることができるようにします。

具体場面でチェック！

Before

一塁だよ！

どうしよう。
…？
ウロウロ…

After

このときはどうしますか。

1塁だ！

指導のためのアドバイス

ボールをもらったときに「どうすればよいのか」と状況を見て判断する力が必要となります。「守ります」「攻めます」では抽象度が高くて子供にはわかりません。そこで，一部の場面を切り取って問います。「この場面だったら，どこにボールを投げる（蹴る）とよいですか」と聞くことで，場面に応じた判断がしやすくなります。ただし，技能に関わることなので，考えたのにできないということもあってよいことを伝えます。

言葉を変換するコツ

コツ❶　多く見られる状況を設定する

ベースボール型ゲームであれば，守りのときにボールを持ったらどうするのか等，その運動の特性に応じた場面を設定するとよいです。

コツ❷　チームで声をかける

仲間がボールを持ったときに「○○だよ！」と声をかけるようにすると，苦手な子もどうすればよいのか明確になります。

周りで見ている子はどうしますか。

公式試合でも，周りにいる選手がボールを持っている選手に声をかけています。このような姿を映像で見せることで，チームで協力することができます。

| 知識及び技能 | 思考力, 判断力, 表現力等 | 学びに向かう力, 人間性等 |

20　自分の課題を選ぶとき

Before
考えなさい。

After
どの○○にしますか。

Point! 教師が運動の課題を提示して, 子供に選ばせることで, 思考力を高めることができます。

具体場面でチェック！

指導のためのアドバイス

「課題を考えなさい」といきなり子供に聞いてもわからない子がいます。課題解決のときには，教師が課題を提示する必要があります。その中から子供に選ばせて練習をしているうちに，できる子とできない子に分かれます。そのときは課題を発見するチャンスです。選んだ課題の他に，自分に足りないところがあるのかを一緒に考えましょう。友達同士で「ここが課題だよね」と相談することもできます。

言葉を変換するコツ

コツ❶　課題ができた後の姿を問う

子供たちに「この課題ができると，どんな姿になるの？」と問います。何のために練習をしているのかという目的意識を引き出します。

コツ❷　適切な課題を選ばせる

動画などで確認をして，本当に自分の課題なのかを考えさせることも必要です。

課題を解決した後に，何をしますか。

課題を解決して終わりではなく，解決した後に自分の動きをさらによくするためにどうすればよいのか考えさせます。

知識及び技能 | 思考力, 判断力, 表現力等 | 学びに向かう力, 人間性等

21　自分の課題をお手本と比べるとき

Before
どこが課題ですか。

After
比べてみよう。

Point! 自分とお手本となる動きを比べることで，自分の課題を明らかにすることができるようにします。

具体場面でチェック！

指導のためのアドバイス

①自分の動きをタブレットで撮影する②技の連続図や映像と比べるという手順によって，自分の課題を把握しやすくなります。ただし，子供が技のポイントを理解していないといけません。課題解決の前に，技のポイントを確認します。他にも，自分の姿の映像をコマ送りにして，お手本と比べ，課題を選択させることもできます。一人では確認できないときは，友達と確認してもよいです。もちろん教師が直接アドバイスをすることも可能です。

言葉を変換するコツ

コツ❶　分割して見せる

運動は，はじめ・なか・おわりに分けることができます。一つずつ見せて，どこが課題なのかを選ばせます。

コツ❷　課題の根拠を問う

どうしてこの課題を選んだのかと子供に聞くことで，選択に根拠をもたせることができます。

この課題を解決するとどんなよいことがありますか。

技ができるようになるだけではなく，自分の課題が解決するとどんなメリットがあるのか話すことで必要感をもって取り組むことができます。

	知識及び技能	思考力，判断力，表現力等	学びに向かう力，人間性等

22 自分のチームに合った規則を選ぶとき

Before
規則を考えます。

After
自分のチームに合った規則はどれですか。

Point! ボール運動系で，自分のチームに合った規則を選ぶことができるようにします。

具体場面でチェック！

Before

この規則で行います。

この規則は不公平だ！

After

ゲーム後に規則について聞きます。

チームに合った規則はどれ？

指導のためのアドバイス

　小学校学習指導要領解説（体育編）に「誰もが楽しくゲームに参加できるように，プレイヤーの人数，コートの広さ，プレイ上の緩和や制限，得点の仕方などの規則を選ぶ」とあります。自分たちのチームが得点をとるために必要な規則を選ぶようにします。例えば，「A　人数が相手より１人多い，B　攻めの範囲が広がる，C　全員得点を決めたらボーナス点」等を提示して，各チームに選ばせることができます。「規則を考えなさい」より時間も短く，運動学習の時間を確保することができます。

言葉を変換するコツ

コツ❶　選んだ理由を問う

　「どうして〇〇の規則を選びましたか」と問うことで，チーム全員が根拠をもって取り組むことができます。

コツ❷　対戦前に相手チームに伝える

　「私たちは〇〇の規則です」と相手チームに伝えます。相手チームの規則を受け入れることも伝えましょう。

みんなが楽しめる規則はありますか。

　単元を進めていく中で，「みんなが楽しめる規則」を問うことで，全員がボールゲームの楽しさを味わうことができます。

	思考力，判断力，表現力等	
知識及び技能		学びに向かう力，人間性等

23　自分の動きのできばえを理解するとき

Before
比べます。

After
どの方法で比べますか。

Point! 図やお手本動画等で比べる方法を選び，自分の動きの良さや課題を見付けることができるようにします。

具体場面でチェック！

指導のためのアドバイス

　小学校学習指導要領解説（中学年　器械運動）に「技のできばえを視覚的に振り返って、自己の能力に適した課題を見付ける例」とあります。視覚的に振り返るために、連続図やお手本動画と自分の動きを比べることで、自己の課題を見付けることができます。その際に、連続図か動画で比べるのかを子供たちに選ばせてもよいのです。自分に合った比べ方で課題を見付けるようにしましょう。

言葉を変換するコツ

コツ❶　比べるところを限定する

　「お手本のどこと比べますか」と比較対象を焦点化することで、何を見ればよいのか明確になります。

コツ❷　友達同士で確認する

　「ペアになって、確認します」と友達と課題を伝え合うことで、苦手な子も自分の課題を知ることができます。

もっと上手になれるところはありますか。

　課題だけではなく、もっと上手になれるところを探すようにすると、できた喜びを味わうことができます。

知識及び技能 | 思考力, 判断力, 表現力等 | 学びに向かう力, 人間性等

24　守り方を選ぶとき

Before
守り方を考えなさい。

After
どの守り方にしますか。

Point! 教師から提示された守り方から選ぶことを通して，相手チームに勝つための連携を考えることができるようにする。

具体場面でチェック！

指導のためのアドバイス

　戦術的課題に慣れているのであれば，「作戦を考えます」の一言で子供たちが動きます。それまでは教師が守り方を提示するとよいです。提示するときに，子供たちに守り方を聞いた上で，分類し，3つ程度にまとめます。その中からチームに合った守り方を選ばせます。このような時間も削りたいときは，教師が用意した守り方を提示します。その際に，全員が提示された守り方のイメージをもてるように事前に指導をしておきましょう。

言葉を変換するコツ

コツ❶　失点を減らすための作戦を選ぶ
　守る目的は「失点を減らすこと」です。目的に合った守り方を選べるようにします。

コツ❷　焦点化した発問をする
　「点数を取られないために，どこにいればよいですか」と，守る位置を限定することで，子供に伝わりやすくなります。

守り方をレベルアップしたいチームはありますか。

　よく「AとBの作戦を合わせてもいいですか」と質問があります。選んだ作戦を実行した上で，合わせてもよしとします。より点数を取られないための工夫が生まれます。

| | 知識及び技能 | 思考力，判断力，表現力等 | 学びに向かう力，人間性等 |

25　個人やチームの動き方を考えるとき

Before
試合をします。

After
試合前に動きを予想します。

Point!　個人やチームの動き方を予想させてからゲームを行います。もっとこうしたらよいのではないかという修正点を出すことで，動きの質を高めることができるようにします。

具体場面でチェック！

Before

タグラグビーの試合をします。

After

動きを予想します。

試合後…
どんな動きをしましたか。
ジグザグに動きます。

84

指導のためのアドバイス

　すぐに試合を始めるのではなく，「得点をとるために，どのような動きをすればよいですか」と問います。「ジグザグに動く」「ゴール前にパスをする」など意見を集約・分類して，試合をします。試合後に，「予想した動きができましたか」と聞いて，うまくいった点や課題点を共有することで，よりよい攻め方や守り方を考えることができます。このように予想→試合→課題→試合の手順を踏むことが大切です。

言葉を変換するコツ

コツ❶　得点をとることを目的とする

　ボール運動は「得点をとる楽しさ」があります。「得点をとるために，どこに動きますか」等，焦点化した発問をするとよいです。

コツ❷　理由を問う

　「どうして〇〇という動きが必要ですか」と動き方の根拠を問うことで，動くことの必要感をもたせます。

予想した動きの実行レベルは何点でしたか。

　得点化することで，自己評価が容易となります。このときに，0点は実行できない，50点は少しできた，100点は，ほとんどできたと基準を決めておきます。

知識及び技能 | 思考力，判断力，表現力等 | 学びに向かう力，人間性等

26 友達に動きを伝えるとき

Before
アドバイスをしよう。

After
見たことを伝えよう。

Point! 友達の動きを観察して，見たことを伝えることで，技のできばえを相互評価することができるようにします。

具体場面でチェック！

指導のためのアドバイス

　子供同士のアドバイスは高度な活動です。私が初任者時代に「どうしてこの子ができないのだろうか」と，「どんなアドバイスをすればよいのだろうか」と，教師でもわからないときがありました。そのため，事前に整理した運動のポイントの中から見る視点を１つ選び，友達の動きを見たことを伝えるようにします。それだけでも，友達の技のできばえを伝えることができます。友達の動きを観察することで，自分の動きを修正しようとメタ認知が働きます。観察することは，自分にとっても得をするということです。

言葉を変換するコツ

コツ❶　見てほしいことを伝える

　課題別学習ではないときは，試技者が見てほしいところを伝えるとよいです。そうすることで観察者の視点が生まれます。

コツ❷　学習カードを用意する

　運動のポイントが整理された学習カードを見ながら観察することで，何を言えばよいのかもわかります。学習カードに，友達に伝えるような言葉の型を書くこともありです。

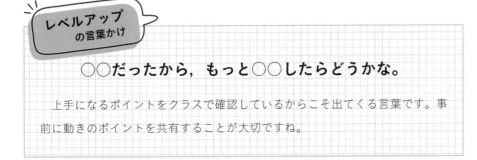

レベルアップの言葉かけ

○○だったから，もっと○○したらどうかな。

　上手になるポイントをクラスで確認しているからこそ出てくる言葉です。事前に動きのポイントを共有することが大切ですね。

知識及び技能 / 思考力, 判断力, 表現力等 / 学びに向かう力, 人間性等

27 前時の振り返りを生かすとき

Before
前回は何をしましたか。

After
こんなときどうしますか。

Point! 前時の振り返りで困ったことを記録し，次時で学ばせたい課題として扱うことができるようにします。

具体場面でチェック！

Before

前の時間の振り返り

本時のはじまり

After

指導のためのアドバイス

「振り返りが大切です」と言われるけれども,書かせて終わりにしてよいのでしょうか。せっかく書いたのですから,次時の課題と結び付けることが必要です。例えば,前時で「シュートが打てない」という振り返りがあったら,次時で「このような振り返りがありました(紹介)。どこでボールをもらうとシュートが打ちやすくなりますか」と課題を設定することができます。このように,振り返りの中で困ったことを見付けて,次の課題にすることができれば,教師の指導観としての振り返りにもなります。

言葉を変換するコツ

コツ❶　計画どおりに進めなくてもよい

次時は,パスを練習する計画していたけれども,振り返りからシュートのことを学ばせた方がいいというように,状況によって変更します。

コツ❷　焦点化した課題を提示する

子供が何を聞かれているのかわかるような課題を提示します。「いつ・どこ・誰」のように5Wをうまく使うとよいです。

ここにあなたがいます。どこに動きますか。

このように自分だったらどうしますか等,自分事として考えさせることができます。マグネットや動画で,今ここにいたらどうする？　と導入で聞いてもよいですね。

	思考力，判断力，表現力等	
知識及び技能		学びに向かう力，人間性等

28 お手伝いをしながらポイントを共有するとき

Before
支えます。

After
支えながら何を考えたの？

Point! 友達の動きを支えながら，ポイントやコツを共有することで，支えている人の学びも深めることができる。

具体場面でチェック！

Before
無言……。
……

After
支えながら考えたことを伝えよう。
もっとつま先を伸ばそう。

指導のためのアドバイス

　ポイントは「運動の仕組み」で，コツは，「動きの感じ方」とします。コツは人によって様々です。壁倒立の場合，「つま先を伸ばそう」は仕組み，「ぐっと手に力を入れよう」はコツとします。友達の体を支えながら，気が付いたことをつぶやくことで，試技者だけではなく，観察者にとっても学びを深めることができます。支えている人も，だんだん力をいれなくてもよくなるときは，相手ができるようになっている証拠です。

言葉を変換するコツ

コツ❶　観察する視点を伝える
　支える人は「つま先が伸びているのかを見るね」と支えながら何を見るのか明確にするとよいです。

コツ❷　お手伝いの力をいれなくてもできるようにする
　友達の体を支える力をいれなくてもできるようになっている感覚を伝えます。

2人から1人で友達の体を支えてみよう。

　人数を減らしても，お手伝いによってできるようになれば成長している証拠です。その際に，何がよくなったのかも支えている人が言えるとよいです。

知識及び技能 | 思考力, 判断力, 表現力等 | 学びに向かう力, 人間性等

29 友達の良さを伝えるとき

Before
友達のよいところを言います。

After
友達の○○はどうでしたか。

Point! 友達の動きを観察するときに視点を与えることで, 具体的に伝えることができるようにします。

具体場面でチェック！

Before

考えていることが違う

After

指導のためのアドバイス

「友達のよいところを言います」と指示を出しても，視点が不明確です。そのため，友達が試技する前に，教師から視点を与えます。試技後に，「友達の〇〇はどうでしたか」と観察者に聞きます。こうすることで，視点が明確になり，伝えやすくなります。支援が必要な子には，「この動きが理想だよ」と連続図等を見せると，友達の良さを見付けやすくなります。

言葉を変換するコツ

コツ❶　連続図を見せる

連続図と比べてどうだったのかを伝える。手元に資料があるので，できばえを伝えやすくなります。

コツ❷　体の部位の変化を問う

「足の裏が見えましたか」「後頭部がつきましたか」など，体の部位を基準に考えさせてもよいです。

レベルアップの言葉かけ

〇〇だからもっと〇〇しよう。

教師が伝えたアドバイスをそのまま子供に言わせることができます。「〇〇さんにこう伝えてね」と見たことに加えてアドバイスができると伝え方のレベルが高い証拠です。

知識及び技能 | 思考力，判断力，表現力等 | 学びに向かう力，人間性等

30　友達同士で良さを伝えるとき

Before
（教師が）いいね！

After
（友達が）○○がいいね！

Point! 教師がそのままほめるのではなく，観察者から具体的にほめることができるようにします。

具体場面でチェック！

Before

いいね！ナイスシュート！

After

シュートが入ったら何と言いますか。

シュートがいいね！

指導のためのアドバイス

　教師が100回ほめ言葉を言うということを聞いたことがありますか。100回言うことで，一人一人をほめることができるといった考え方があります。教師が言うことは簡単です。できれば，子供同士が見たことをほめ合うようにしたいです。そのために，見ている子に，「○○さんの○○がいいよね」や「○○さんのどこがよかったか言ってみよう」と子供同士が対話するようなきっかけを教師がつくってあげるとよいです。

言葉を変換するコツ

コツ❶　観察している子に伝える
　プレイしている子に聞くと，動きが止まります。できれば観察している子に，「今のプレイはどうだった？」と聞き，直接伝えるように促します。

コツ❷　問いかける
　「シュートが入るときに，どこにいるのかな」と問いかけます。視点を与えることで，観察者がどこを見ればよいのかわかります。

もっと○○すればいいのにと言ってみよう。

　もっと点数をとるために，「こうすればいいよね」のような言葉が子供が言えるようになると，思考が深まります。

知識及び技能 / 思考力，判断力，表現力等 / 学びに向かう力，人間性等

31 運動のポイントを発見するとき

Before
どうすればよいですか。

After
どこを見ればよいですか。

Point! 子供ができるようになるための視点を教えることで，自分で気が付くことができるようにします。

具体場面でチェック！

Before

どうすればよい？

何をすればいいの？

After

どこを見ればよい？

マットの先を見る！

指導のためのアドバイス

開脚跳びで,「どうすればいい?」と聞いても,子供にとって何をどうすればよいのかわかりません。「着手した後にどこを見るとよいですか」と視点を限定した問いをします。マットの先を見ることで,突き放しができ,体が起き上がります。第二空中局面をつくることで,大きな開脚跳びにつながります。このように視点を限定すると,子供が何を改善すればよいのか気が付くことができます。

言葉を変換するコツ

コツ❶ 運動のポイントを教師が理解する

教材研究のときに,技のポイントを教師が理解しておくことで,子供に問うことができます。

コツ❷ 局面に絞って発問する

運動は「はじめ・なか・おわり」と3つの局面に分けることができます。それぞれのポイントを理解した上で,発問するとよいです。

どうして○○を見る必要があるのかな。

ポイントの理由を問うことで,必要感が生まれます。特に高学年では,どうして○○する方がよいのかなど,納得する解を示せるとよいでしょう。

| | 知識及び技能 | 思考力，判断力，表現力等 | 学びに向かう力，人間性等 |

32　友達同士がぶつからないようにしたいとき

Before
まっすぐ進みます。

After
一方通行です。

Point! 器械運動や陸上運動の行い方や，列に戻るときに，友達とぶつからないようにすることができるようになります。

具体場面でチェック！

Before

そのまま戻って…。
ぶつかる！

After

一方通行です。

一方通行だから
ぶつからない。

指導のためのアドバイス

　器械運動や陸上運動を安全に行うために，軌道を教えます。「１人目立ちます。前転をします。終わったら，右側から自分の列に戻ります。一方通行です」と指示を出します。このように行い方を示すことで，友達同士でぶつかることがなくなります。私の場合は，「一方通行」というキーワードで１年間を通しています。子供の行動を見ながら，隣のグループとの間隔が狭いと思ったら，場を変えるなどすると安全に行うことができます。

言葉を変換するコツ

コツ❶　一方通行を決めないとどうなるのか考えさせる
　「そのまま戻ったらどうなりますか」と友達とぶつかる危険性があることを共有します。

コツ❷　コーンにタッチしたら戻るなど工夫する
　マットの先にコーンを置いて，コーンにタッチしたら，元の列に戻るようなシステムをつくってもよいです。

戻るときに次の子の動きを観察しよう。

　友達の動きを見ることで，ぶつかる心配もなく，上手なところを伝え合う活動にもなります。

知識及び技能 / 思考力，判断力，表現力等 / 学びに向かう力，人間性等

33 運動に安全に取り組むとき

Before
危険です！

After
それって安全かな。

Point! 安全に用具の準備や片付けをしたり，運動に取り組んだりすることができるようにします。

具体場面でチェック！

Before

後ろ向きで運ぶ…。

危険だよ！

After

カニ歩き（横向き）です。ぶつかりません。

それって安全？

指導のためのアドバイス

　用具の運び方を教えます。「マットを運ぶときは，カニ歩きです。後ろ向きで運ぶと，友達にぶつかったり，マットにつまずいたりすることがあるからです」と理由も伝えます。それでも，後ろ向きで運んでしまう子がいます。そのときに，「それって安全かな？」と聞くことで，子供から「安全ではありません」と言わせることで自覚させます。このように答えた子に「そうだよね。よく覚えていたね」とほめることができます。子供に気付かせる言い方も必要です。

言葉を変換するコツ

コツ❶　安全を具体化する

　「安全に運ぶとは？」「安全に取り組むとは？」と子供に聞いて，具体化する方法もあります。子供が言ったことに責任をもたせます。

コツ❷　終わった後に評価する

　「安全に運ぶことができた人？」と評価します。次時で，「前回安全に運ぶことができました。今回もできるでしょうか」と肯定的な言葉かけをします。

このままだとどんな怪我をしますか。

　安全という言葉がわからない子には，「このままだとこんな怪我をしてしまうかもしれません」と伝えることも大切です。

| | 知識及び技能 | 思考力，判断力，表現力等 | 学びに向かう力，人間性等 |

34　勝ち負けを受け入れるとき

Before
負けても文句を言いません。

After
負けたとき，どうしますか。

Point! 事前に勝ち負けについて話をして，実際に受け入れる練習をします。勝ち負けを受け入れる姿勢を身に付けることができるようにします。

具体場面でチェック！

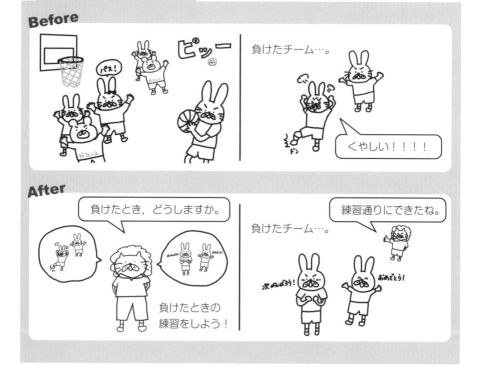

指導のためのアドバイス

　小学校学習指導要領解説（体育編）p.166に「勝ったときや負けたときの表現の仕方を事前に確認したりするなどの配慮をする。」とあります。ゲームの前に次のように言います。「ゲームには勝ち負けがあります。真剣にやればやるほど，悔しい気持ちになります。それでも，勝ち負けを受け入れられる人が，体育が上手な人と言えます。勝ったときはどうしますか。負けたときはどうしますか」と，事前に練習をします。それでもこだわる子がいて当然です。時間をかけて受け入れられるようにしたいです。

言葉を変換するコツ

コツ❶　負けたときに，どんな言葉を言うのかを決める
　「負けたときに自分のチームに何と言いますか」と言葉を決めます。

コツ❷　体で表現する
　「負けたときに，どんな行動をしますか」と表現の仕方を決めます。例えば，どんまい！　と拍手をするなど，例を示してもよいでしょう。

対戦した相手に何と言いますか。

　自分のチームだけではなく，相手チームにどんな言葉や行動をするのか決めておくと，お互いによい気持ちで試合を終えることができます。

知識及び技能 | 思考力，判断力，表現力等 | **学びに向かう力，人間性等**

35　ふざけて友達に迷惑をかけているとき

Before
いい加減にしなさい。

After
よくなかったことはどれかな。

Point! 友達に迷惑をかけている理由を自分で選ぶことで，次回から気を付けようとする態度を養うことができるようにします。

具体場面でチェック！

Before

ふざけて回る

「いい加減にしなさい。」

After

「よくなかったことはどれかな。
A：回る
B：次の子が回れない」

指導のためのアドバイス

　選択肢を示すことで，自分で振り返ることができます。「マットは１人１回ずつで，交代します」と指示を出しても，そのまま寝っ転がっている子がいます。次の子がやろうとしているのにできないのです。そのときは，「ストップ。Ａさん，①その場にとどまってどかない②次の子のことを考えて交代する。今どちらの状況を優先した方がよいですか」と子供に選ばせます。望ましい行動を選んだらほめることができます。このようにすぐに指導するのではなく，選択肢を与えることが大切です。

言葉を変換するコツ

コツ❶　ふざけてやっているのではないと考える
　「今は前転を１人１回だね」と確認をした上で，選択肢を出します。

コツ❷　見学してもらうことも伝える
　事前に「このような行動が見られたら，見学してもらいます」と伝えます。支援を要する子は後出しされた意見を嫌がる場合があります。

今は何をしますか。

　選択肢を与えなくても自分で考えられる子もいます。子供が答えることができたらほめて行動を強化しましょう。

知識及び技能　思考力，判断力，表現力等　学びに向かう力，人間性等

36　何度も運動に取り組むとき

Before
たくさん動きます。

After
額に汗をかきましたか。

Point!　運動することは，額に汗をかくことという具体的な目安を示すことで，何回も運動に取り組むことができるようにします。

具体場面でチェック！

Before
準備運動中…。
「一周でいいや。」

After
「額に汗をかくぐらい動きます。」
「額に汗をかきましたか。」

指導のためのアドバイス

準備運動のときに,「額に汗をかくぐらい動こう」と言います。今までは準備体操「屈伸！」などをしていました。準備運動の目的は「体をあたためること」だと考えています。そのためには,体を動かす活動を入れる必要があります。体があたたまるとは人によって感覚が違います。そこで,額に汗をかいている状態がわかりやすいと思います。額に汗をかくような活動を教師が考える必要があります。

言葉を変換するコツ

コツ❶　何回取り組んだのか確認をする
サーキットであれば,終わった後に「何回取り組みましたか？」と確認して,ほめることができます。

コツ❷　短い言葉で伝わる運動にする
「増やし鬼，1班が鬼，はじめ！」と短い言葉で活動できるようなものをストックしておくとよいです。

体のどこが熱くなりましたか。

運動強度によって,腕や足が熱くなる＝使っている証拠だよとほめるための言葉としておすすめです。

知識及び技能　思考力, 判断力, 表現力等　**学びに向かう力, 人間性等**

37　運動に楽しく取り組みたいとき

Before
楽しくないのは君が悪いよ。

After
楽しめないのはどうしてかな。

Point!　楽しくない理由を教師が受け止めることで、子供の言い分を尊重しつつ、どうすればよいのか助言することができるようにします。

具体場面でチェック！

指導のためのアドバイス

　ボール運動系や器械運動系で，楽しそうではない雰囲気の子はいませんか。「負けてしまった……」「できなかった……」という子がいます。その子に「楽しそうではないけど，どうしましたか」と問うことで，何が原因で楽しくないのかがわかります。このときこそ授業改善のチャンスです。どの子も楽しくなる授業にするためにどうすればよいのかを考えるきっかけになります。他にも学習カードで「今日の授業が楽しかったのか」と聞くことができます。授業中に限らず，体育後のアンケートを受けて，次の授業をどのようにすればよいのか考えたいです。

言葉を変換するコツ

コツ❶　勝ち負けやできる，できないがある単元と伝える
　「本気でやっているから，勝ち負け（できる・できない）にこだわることもあるよね」と事前に言っておくことが大切です。

コツ❷　選択肢を示す
　「A，B，Cのどれがいいかな」と，教師から選択肢を与えることもできます。

全員が楽しめていません。どうすれば，みんなが楽しくなりますか。

　単元はじめに子供と確認します。子供の意見をもとに，「楽しいとはこういうことだね」と具体化しましょう。

知識及び技能　思考力，判断力，表現力等　学びに向かう力，人間性等

38 誰とでも仲良く運動させたいとき

Before
仲良くしなさい。

After
仲良しレベルはいくつですか。

Point! 仲良しレベルを事前に子供と考えることで，基準をもって運動をすることができるようにします。

具体場面でチェック！

Before

仲良くしましょう。

仲良くしなさい！

After

仲良しレベルです。
C　喧嘩
B　ほめ言葉
A　応援
S　称える

仲良しレベルは，いくつですか。

指導のためのアドバイス

「友達と仲良くしましょう」と言っても,「仲良く」という言葉の解釈は人によって違います。そのため「仲良く」という言葉を子供と一緒に考えます。私が子供と考えたことは,仲良くとは,「B　ほめ言葉を言う　A　友達を応援する　S　相手チームを称える」となりました。授業前に「今日の仲良しレベルの目標はどれですか。B？　A？　S？」と聞き,振り返りでできるようになったことを評価しています。このように,事前に目標を設定することで子供が意識するようになります。

言葉を変換するコツ

コツ❶　前単元と関連させる

「この前のサッカーの学習では,仲良しレベルはどのようなものでしたか」と前単元と関連させることができます。

コツ❷　運動中に評価をする

「今はAレベルだね」と配慮を要する子を中心に,仲良しレベルでほめるようにすると行動が強化されます。

相手チームの仲良しレベルでよかったことは何ですか。

　　自分だけではなく,相手がいるからゲームができます。相手の良さにも気付けるようにしたいです。

知識及び技能　思考力, 判断力, 表現力等　学びに向かう力, 人間性等

39　見付けた動きの良さをみんなに伝えるとき

Before
並びなさい。

After
写真隊形です。

Point!　観察する隊形を決めることで，運動のポイントがわかりやすくなり，見付けた動きの良さを友達に伝えることができるようにします。

具体場面でチェック！

Before
- お手本の子の動きを見ますよ。並びます。
- 先生の方に並びます！

After
- 写真隊形です！
- お手本の子の動きを見ます。

指導のためのアドバイス

　教室や遠足に行ったときに,写真隊形になりますね。そのときにだらだら集合している子供は,どこに並んだらいいのかわからないためです。年間を通して写真隊形を決めておくと,カメラマンさんや他のクラスを待たせることがありません。写真隊形は体育の授業でも有効です。運動のポイントを観察するときに,マットの周りに集まっていては,座る位置によって見づらくなります。そのため,教師が見てほしい位置で「写真隊形!」と指示を出すだけで,全員が同じ位置から観察することができます。

言葉を変換するコツ

コツ❶　撮られる側から撮る側になる

　「今からＡさんが前転をします。みんなはカメラで撮る側だと思ってポイントを見付けます」と言います。

コツ❷　すばやく並ぶ方が得であることを伝える

　「すばやく並ぶ方が,運動する時間も増えて,上手になります」と素早く並ぶことのメリットを伝えます。

どうしてこの位置から見るのでしょうか。

　写真隊形になった位置に意味があることを伝える言葉かけです。どこを見ればよいのか子供に考えさせてもよいですね。

| | 知識及び技能 | 思考力，判断力，表現力等 | 学びに向かう力，人間性等 |

40 待ち方を教えるとき

Before
見ていなさい。

After
数を数えよう。

Point! 友達が運動しているときに待ち時間を数えるだけで，友達の動きを観察することができるようにします。

具体場面でチェック！

指導のためのアドバイス

例えば鉄棒運動で「つばめ」をするときに、「5秒間数えます」と子供に言うだけで、友達の動きを観察するようになります。教師は、観察している子に「友達が5秒間できましたか」と聞くだけで観察している様子を評価することができます。このように友達の動きの様子の数を数えるだけで、自分の順番を待っている間の時間を埋めることができます。また、観察することで、運動している子と距離をとるため、子供同士が接触する心配もありません。

言葉を変換するコツ

コツ❶　時間を決める

「『3秒、5秒、10秒』から決めます。決めたら見ている友達に伝えましょう」と、自分に合った時間で技に挑戦することができます。

コツ❷　数える子を決める

グループごとに数える子の役割を決めてよいです。友達を観察する目的を伝えてもよいですね。

先生が数を数えますね。

○秒で何回できるかなという課題を与えて、教師が意図的に時間を調整して子供にできたという実感を味わわせることができるようにします。

| 知識及び技能 | 思考力，判断力，表現力等 | 学びに向かう力，人間性等 |

41　見学の仕方を教えるとき

Before
見学します。

After
先生が声をかけた人を数えよう。

Point! 見学の仕方を教えることで，運動に参加しなくても「見て，学ぶ」姿勢を身に付けることができるようにします。

具体場面でチェック！

Before

見学している子の様子

After

先生が声をかけた人を数えよう。

学習カードに正の字を書いている

指導のためのアドバイス

見学をしている子に「見て学ぶ」ことを教えます。例えば，①運動のポイントを見付ける②教師が声をかけた回数を数える③友達のよいところを３つ以上書く等，観点を与えます。そうすることで，見学中も学習をしていることになります。ただし，見学者の体調や気温によって無理をさせないようにします。わざと見学している子がいれば，原稿用紙を３枚渡して，「体育の感想を書きます」と伝える対応もありでしょう。

言葉を変換するコツ

コツ❶　動かなくてもわかるものにする

「先生が声をかけていた人の数をチェックしてね」と遠くからでもわかるような観点を与えるとよいです。

コツ❷　授業終了前に発表してもらう

振り返りの時間に，「見学者のAさん，見て学んだことを発表してください」と指示を出します。

ここまでで発見したことはありますか。

授業の途中で，見て学んだことを伝えます。「よく見ていたね」など，見学している姿勢をほめることができます。

| | 知識及び技能 | 思考力，判断力，表現力等 | 学びに向かう力，人間性等 |

42 見通しをもたせるとき

Before
この学習で進めます。

After この学習でできるようになりたいことは何ですか。

Point! 子供が学びたいことに合わせて単元計画を修正することで，運動に必要感をもたせることができるようにします。

具体場面でチェック！

指導のためのアドバイス

　単元計画通りに授業を進めることがあります。経験が浅いうちは仕方がないことです。ただ，子供にとって必要感のある計画なのでしょうか。そこで，学習の出合いの１時間目で，「この学習でできるようになりたいことは何ですか」と聞きます。子供から「シュートがしたい！」という意見があれば，次時はシュートをメインとした練習を提供することで，子供にとって必要感のある学習となります。このようなことに対応できるように教師は綿密な単元計画ではなく，大まかな計画を作っておくとよいでしょう。

言葉を変換するコツ

コツ❶　教師の指導事項に合わせる

　全ての単元計画を子供に任せることではありません。教師が指導事項をもっていることで，子供の意見と単元計画をすり合わせることができます。

コツ❷　とりあえず多数決で決める

　「シュート？　パス？　人数が多いためシュートの練習をします」と，とりあえず多数決で決めます。そこでゲーム中にシュートにつながらないのはパスができていなからだという困り感からパス練習を取り入れます。

練習したい内容を振り返りのときに書いてもよいです。

　子供の中にはみんなの前で発言しづらい子がいます。そのため学習カードの振り返りで確認をすることができます。

知識及び技能　思考力，判断力，表現力等　**学びに向かう力，人間性等**

43　単元の目的を設定するとき

Before

○○を学びます。

After

この学習のテーマをどうしますか。

Point! 学習が終わったときの姿を子供と考えることで，目的を意識できるようにします。

具体場面でチェック！

Before

バスケットボールを学びます。

何をするのかな。

After

この学習のテーマは，どうしますか。

シュートを決めたい。

指導のためのアドバイス

　指導案を作成したときに，「一言で言うとどんな授業をしたいのか」と聞かれたことがあります。つまり，学習を通してどんな子供の姿を目指したいのかを言えないといけません。例えばバスケットボールの場合は，「楽しさってシュートを決めることだよね。この学習が終わるまでに全員がシュートを決めてほしい。そのためにどんな動きが必要ですか」と子供と単元のテーマを決めます。そうすることで，全課題が「シュートを決めるために〜」と明確なテーマをもって進めることができます。

言葉を変換するコツ

コツ❶　テーマに合わせる

　テーマがシュートを決めることなら，「シュートを決めるために，パスをもらうときどこに動けばよいですか」とテーマに合わせた発問をします。

コツ❷　導入でテーマを問う

　「この学習のテーマは何ですか」と子供に問うことで，自分事として考えられるようにします。

この学習ではどんなことができると楽しくなりますか。

　「楽しい」というキーワードを入れて，子供からの意見を受けて，学習のテーマをつくることもできます。

知識及び技能　思考力，判断力，表現力等　**学びに向かう力，人間性等**

44　すばやく整列させたいとき

Before
並びなさい。

After
1列目は○線です。

Point! 整列の仕方を具体的に教えることで，すぐに並ぶことができます。そうすることで，運動学習の時間を確保することができるようにします。

具体場面でチェック！

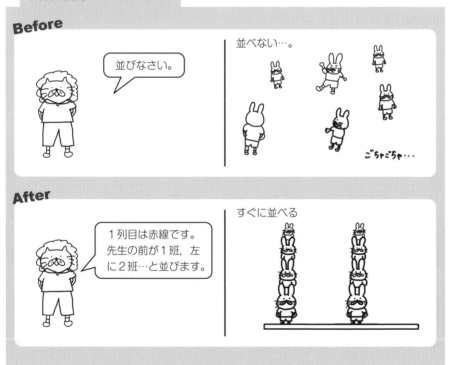

指導のためのアドバイス

整列するときの「基準」を決めます。グループが8つあるとしたら，「1班は赤線です。左に2班，3班……8班と並びます」とします。1班と赤線という基準により，どこに並べばよいのか明確になります。校庭の場合は，「先生の前で1班です。左に2班……8班と並びます」としています。このように運動と関係ない時間をマネジメント場面と言います。この時間を削るだけで運動学習の時間を確保することができます。

言葉を変換するコツ

コツ❶　時間を決める

校庭は15秒以内，体育館は10秒以内と決めます。これは4月の授業開きが勝負です。「走って集合します」ということを子供たちに伝えます。

コツ❷　集合パターンを決める

集合したからといって，整列する必要はありません。楕円型に集合することもあります。できるだけ早く集まることができればよいのです。

整列すると得することがあります。何ですか。

運動する時間が増えるということや，移動するときに他の人の通路の邪魔にならない等，日常生活につながるようにします。

知識及び技能　思考力, 判断力, 表現力等　**学びに向かう力, 人間性等**

45　友達の考えや行動を受け入れるとき

Before
拍手をします。

After
相手のためにどんなことができますか。

Point! ゲームをした後に，相手チームのためにできることを考えさせ，実行することで，相手の考えや行動を受け入れることができるようにします。

具体場面でチェック！

Before

試合に負けた…。

勝ったチームに…。

拍手をします。

After

相手のために
どんなことができますか。

相手のために
行動していますね。

指導のためのアドバイス

　拍手は，教師に言われてからするものではなく，自然に出てほしいものだと思っています。そのため「拍手をしなさい」という前に，「相手のためにできることがあります。何でしょうか」と聞きます。子供から出た意見を教師が整理して，「拍手という言葉が出てきました。どうしてですか？（子供答えたことをもとに）相手のチームと自分のチームがよい雰囲気になりますね」と，伝えます。拍手をしていない子よりも，拍手をしている子にスポットを当てて，全体の前でよい動きとして紹介したいですね。

言葉を変換するコツ

コツ❶　相手意識をもたせる
　「どうして拍手をするのか」と理由を問うことで必要感をもたせることができます。

コツ❷　できている子をほめる
　自然と拍手をしている子がいます。そのことを全体に伝えることで，拍手をする姿が広がります。

他にも相手のことを考えた行動はありますか。

　私のクラスでは，拍手以外に，握手や花道（友達の間を通る）のアイデアが出ました。年間を通して様々なことを教えたいですね。

知識及び技能　思考力, 判断力, 表現力等　学びに向かう力, 人間性等

46　動きを学ぶ意義を示すとき

Before
次は○○です。

After
何か動きで困ったことはありますか。

Point!　子供が学びたいことを問うことで，動きを学ぶ意義を理解し，進んで運動に取り組むことができるようにします。

具体場面でチェック！

Before

次はシュート練習です。

After

何か動きで困ったことはありますか。
シュートが入りません。
パスが通りません。

指導のためのアドバイス

「進んで運動に取り組む」とはどういうことなのでしょうか。「教師から言われたことに取り組むこと」と，「自分たちが必要と感じた練習に取り組むこと」という2つの意味があると思います。そのため，単元はじめに試しのゲームを行い，「何か動きで困ったことがありますか」と問うことで，単元を通して身に付けたい動きが出てきます。子供から出た意見をもとに，教師が優先順位を決めてもよいですね。

言葉を変換するコツ

コツ❶　なぜ必要なのかを問う

「どうしてパスをする動きが必要ですか」と問うことで，全てゴールにつなげるために必要な動きであることを実感させます。

コツ❷　どれを一番学びたいのか確認をする

「優先して学びたいことは何ですか」と多数決で決めることもできます。もしくは振り返りで書かせて，教師が集約してもよいでしょう。

自分が学びたいことを選んで練習をします。

シュート，パス，動きから自分が学びたいことを選んで練習するシステムにすることで，進んで運動に取り組むことができます。

知識及び技能　思考力, 判断力, 表現力等　学びに向かう力, 人間性等

47 友達の考えを認めるとき

Before
友達の考えを受け入れなさい。

After 友達の考えを受け入れるとはどういうことですか。

Point! 友達と動きを見合うときのマナーをクラスで考えることで，友達に言われたことを受け入れることができるようになります。

具体場面でチェック！

Before
- 上手なところはどこですか。
- 着地で膝が伸びていたよ。
- いや，曲がっていたよ！

After
- 友達の考えを受け入れるとは何ですか。
- まずは，聞くことです。
- 着地で膝が伸びていたよ。
- わかった。もう1回跳ぶね！

指導のためのアドバイス

　学習指導要領に「友達の考えを認める」と書かれています。「認めなさい！」と言っても，どのように認めればよいのかやり方がわかりません。事前に，「友達の考えを認めるとはどういうことですか」と聞いて，子供から出た意見を分類します。「認めるとは，言われたことを確認するということですね。友達と動きを見合います。みんなで決めた認め方ができるとよいですね」とします。このように，抽象的な言葉を具体的な言葉にしてから授業に臨むとよいです。

言葉を変換するコツ

コツ❶　１点に絞る

　「この時間は，着地ができているのかを見ます」と視点を絞ることで，運動のポイントと比較して観察することができます。

コツ❷　ICT機器を活用する

　観察者が試技者の映像を撮ります。映像を見せながら，「○○が〜になっていたよ」と伝えることで説得力が増します。

「もっと○○してみようよ」と言ってみよう。

　運動が苦手な子が得意な子にアドバイスすることに抵抗を感じるときがあります。学習カードに「もっと腰を上げようよ」等，話型を示すことで，誰でも安心して友達にポイントを伝えることができます。

知識及び技能　思考力,判断力,表現力等　**学びに向かう力,人間性等**

48　誰とでも仲よく運動させたいとき

Before
けんかをやめなさい。

After
けんかした後が大事だよ。

Point!　友達と攻め方について合意形成できなかったときに,けんかになったとしても,その後の行動に着目させることで,少しずつ友達と仲よく運動することができるようにします。

具体場面でチェック！

Before

友達と作戦を考える

けんかをやめなさい。

なんでわからないの!?

After

こうした方がいいよ。

けんかした後が大事だよ。

指導のためのアドバイス

ボール運動で「作戦を決める」ときに、お互いの意見を言い合っている子がいました。お互いに勝つために自分の意見を言っていました。そこで、けんかを制した後に、「けんかした後が大事だよ。どうすればよかったかな」と教師と考えます。試合に応じて作戦を変えるなど、教師から案を出して納得させます。振り返りでは、このような場面を取り上げ、「けんかになるほど、勝ちたいと思ったんだよ。けんかした後はお互いの意見をもとにして試合をしていました。けんかした後が大事だよね」と良さを共有します。

言葉を変換するコツ

コツ❶ 事前に伝える

「作戦を決めるときに、自分の意見だけを通そうとするとどうなりますか」と学級に応じて起こり得る状況を先に伝えます。

コツ❷ 言い続ける

「もめることは悪くない。その後どうするとよいかな」と何度も言い続けることが大切です。

レベルアップの言葉かけ

試合に応じて変えてみよう。

合意形成を図ることに時間がかかります。それならば、試合に応じて作戦を変えることもできます。また、作戦を合わせることで、チームの作戦を工夫することになります。

知識及び技能　思考力，判断力，表現力等　**学びに向かう力，人間性等**

49　用具の準備や片付けをするとき

Before
片付けます。

After
自分が準備したものを片付けます。

Point! 体育で使用する用具の準備や片付けを，友達と一緒にすることができるようにします。

具体場面でチェック！

Before

跳び箱を片付けます。

遊んでいる子がいる…。

After

自分が準備したものを片付けます。

遊ぶ子がいなくなる！

指導のためのアドバイス

　用具の準備や片付けでは，誰が何を運ぶのか役割を決めるとよいです。準備段階で，①班で整列②１番目と２番目が跳び箱，３番目と４番目がマット，５番目が踏切板を準備というように，準備段階で役割を決めるとよいです。そして片付けるときに，「自分が準備したものを片付けます」という一言で，全員が役割を意識して片付けることができます。いつも同じ子ばかりが片付けるという状況をつくらないようにします。だんだん慣れてくると，役割がなくても自分以外のところも片付けようとするので，ほめて行動を強化します。

言葉を変換するコツ

コツ❶　役割を決める

　教師が役割を与える，班で誰が何を運ぶのか決める等，準備するものをあらかじめ決めておくとよいです。

コツ❷　安全に準備することを伝える

　「〇分以内に準備します。ただし，安全に運びます」と，安全面を配慮することが大切です。

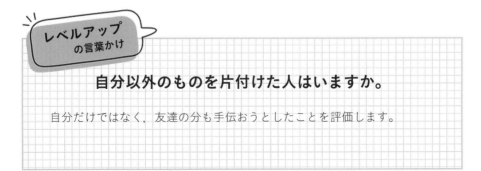

自分以外のものを片付けた人はいますか。

　自分だけではなく，友達の分も手伝おうとしたことを評価します。

知識及び技能　思考力,判断力,表現力等　**学びに向かう力,人間性等**

50　雰囲気をよくする言葉を増やしたいとき

Before
応援しよう。

After
どんな言葉を増やしたいですか。

Point! 友達を応援するための言葉を考えることで、体育の雰囲気をよくすることができるようになります。

具体場面でチェック！

指導のためのアドバイス

「がんばれ」という言葉を否定しません。ただ，運動をしている時点でがんばっています。そのため，体育の雰囲気をよくするために，増やしたい言葉を子供と考えるとよいです。授業開きから，単元に応じて言葉を増やしていくことで，年度末には，多くの言葉が出来上がります。単元によって使う言葉を選択してもよいですし，子供に選ばせてもよいです。とにかく相手が喜ぶ言葉を使うことから始めて，自然と言葉が出るとよいですね。そうすると体育の授業の雰囲気がよくなります。

言葉を変換するコツ

コツ❶　言葉を決める

今日は，どの言葉を使いますか。と使う言葉を決めます。決めた後に，どんな場面で使えそうなのかを確認します。

コツ❷　言葉を評価する

「Aさん，その言葉がいいですね。これはどの動きについて言ったのかな」と言葉かけした理由を問うと，具体的な言葉かけになっていきます。

言われた子は何と言えばよいですか。

雰囲気のよい授業は，言われた子の返し方も重要です。よい言葉を言われたらどんな言葉で返せばよいのか確認するのもありですね。

【著者紹介】

工藤　俊輔（くどう　しゅんすけ）

1986年　鹿児島県生
駒澤大学文学部歴史学科日本史学専攻
明星大学通信教育にて小学校免許を取得
現在，埼玉県公立小学校教員
教師向けの勉強会や地域の子ども向けの体育教室を開催する。
単著に『用具のプラスで子供のやる気に火がつく！体育授業パワーアップアイデア100』（明治図書），『子供が一瞬で動く！体育の授業マネジメント―用具準備→場づくり超時短ワザ100』（学芸みらい社），共著に『「体育」授業の腕が上がる新法則』や『動画で早わかり！「教科担任制」時代の新しい体育指導』（学芸みらい社），教育雑誌『楽しい体育の授業』（明治図書）等，多くの書籍の原稿を執筆する経験をもつ。

［本文イラスト］あやまる
埼玉県生
趣味はイラストを描くこと。

体育教師の言葉かけ変換大全

2024年8月初版第1刷刊　Ⓒ著　者　工　藤　俊　輔
　　　　　　　　　　　発行者　藤　原　光　政
　　　　　　　　　　　発行所　明治図書出版株式会社
　　　　　　　　　　　　　　　http://www.meijitosho.co.jp
　　　　　　　　　　　（企画）木村悠（校正）阿部・吉田
　　　　　　　　　　　〒114-0023　東京都北区滝野川7-46-1
　　　　　　　　　　　振替00160-5-151318　電話03(5907)6703
　　　　　　　　　　　　　　　ご注文窓口　電話03(5907)6668

＊検印省略　　　　　　組版所　長野印刷商工株式会社

本書の無断コピーは，著作権・出版権にふれます。ご注意ください。

Printed in Japan　　　　　　　　ISBN978-4-18-362610-3
もれなくクーポンがもらえる！読者アンケートはこちらから→